特別講義

「ひきこもり大学」

当事者が伝える「心のトビラ」を開くヒント

ひきこもり大学出版チーム・編

潮出版社

はじめに

２０１３年、「ひきこもり大学」という不思議な大学を発案し、ひきこもり当事者、経験者の方たちが先生役になって、悩める親御《おやご》さん、支援者、家族関係者、当事者、マスコミの方たちに向けて、全国各地で〝一揆のように〟広がり、授業を展開してきました。

そしてこのたび、そのアイデアを書籍というかたちを通して、世に送り出すことができました。

企画の開始から刊行に至る現在まで、約４年間のあいだにも、ひきこもりにまつわる大きな事件が発生したり、親が80歳、子どもが50歳になるという〝ひきこもりの高年齢化〟にともなう「８０５０問題」、発達障害、ＬＧＢＴなど、話題になっても解決策が見えてこない状況がつづいています。

発案当時は、本大学のキャンパスが日本の国内に広がり、横のつながりができることで成功例が共有され、情報格差が解消し、新たな可能性が生まれると期待していました。しかしながら、都心ではある程度理解が広がりつつあるものの、地方では当事者グループによるイベントも希薄で、当事者や親たちが孤立し、絶望しているように思われます。

でも、ここで立ち止まっているわけにはいきません。この問題を打開するためにも、本大学の設立趣旨に共感してくださった方たちが各地で自由に大学を開催し、生ライブのような授業を行っていただきたいと思っています。

さらに、解決された親御さんが先生になったり、当事者から支援されている支援者やサポーターが先生になったり、自由なかたちで授業を展開してほしいのです。

今後は親御さんご自身による「解決策」発表も期待されます。その結果、他者の意見や価値観を受け入れることで、親子関係から生まれる価値観の相違や断絶などの問題は改善され、親子のコミュニケーションも回復していくと思います。

その意味でも、本書でご紹介した各講座のユニークな意見や価値観、解決策は、問題解決のヒントを与えてくれるはずです。

本書を契機として各地にキャンパスができ、ひきこもり当事者や親御さんが、各地の大学キャンパスで学び、交流し、社会参加や本人のリハビリに役立ててくれれば、発案者としてうれしく思います。

「ひきこもり」は、とかく「負の体験」と思われていますが、本書にヒントを得て発想を転換し、価値ある体験に変えていくことを願っています。

「ひきこもり大学」という不思議な大学が、みなさんで楽しめるような大学になるよう、一緒につくっていきましょう！

２０２０年秋

ひきこもり大学　学長　寅

もくじ

第1時限目 学長からの「開学メッセージ」

マイナスの経験を価値あるものに変える「ひきこもり大学」

「ひきこもり」は、とらえ方しだいでポジティブなものになる!

ひきこもり大学 学長 寅

第2時限目　マスコミ学部　ジャーナリズム学科

「ひきこもり大学」入学ガイダンス
ひきこもり当事者への取材を通して感じたこと

ジャーナリスト　有馬知子

第3時限目 外こもり学部 ライフスタイル・シフト学科

自尊心が低くて生きづらかったことが、私の最大の強み
すべての経験を活かせば、人生はシフトする

ライフ・スタイリスト 河面乃浬子

第4時限目　ＫＨＪ家族関係学部　母親の気づき学科

ＫＨＪ家族会・母親たちの本音座談会
子の思いを受け取り、学びながら、親も自分の生き方を見つめ直した

第7時限目　ひきこもり対話学部　ファシリテーション学科

多様化するひきこもりの現状
カギは、親子の「幸せのかたち」をすり合わせる語り

ファシリテーター　さな

第8時限目 発達障害学部 ピアサポート学科

ひきこもりの多くは発達障害の可能性がある
自分を客観的に知って工夫することで問題は小さくなる

Neccoカフェ 金子磨矢子

第9時限目　セルフヘルプ学部　アダルト・チルドレン学科

「子ども時代」と「家族」の視点からひきこもりを問い直す
「ひきこもり」を人生の糧にするために

ひきこもりサバイバー　中田和夫

出版プロデュース：中野健彦
企画・構成：竹石健（未来工房）
編集協力：岸川貴文
カバー・本文デザイン：江口修平
本文校正：川平いつ子

第1時限目

学長からの「開学メッセージ」

マイナスの経験を価値あるものに変える「ひきこもり大学」

「ひきこもり」は、とらえ方しだいでポジティブなものになる!

ひきこもり大学 学長

寅

寅《とら》（ニックネーム）

1978年、東京都生まれのロスジェネ世代。ニックネームの由来は「フーテンの寅さん」から。

母子家庭で育ち、大学は浪人するも入学半年で中退。その後、さまざまなアルバイトや職種を経験するが、思うように対人関係が築けず、意欲を喪失。うつ病のような無気力状態になり、23歳の夏に家庭内暴力とひきこもりになる。

さまざまな精神科に通いながら、アダルト・チルドレンの自助グループに参加して家族体験を話す中で、「心の病」と「家族の問題」をかかえる人が多いことがわかり、ひきこもり問題についていろいろな参加者で対話する〈ひきこもりフューチャーセッション庵《いおり》IORI〉の場で、ひきこもり経験者が親にみずからの体験や解決へのアイデアを教える「ひきこもり大学」を発案。

2015年、日本財団からの助成金をもとに、「特定非営利活動法人 KHJ全国ひきこもり家族会連合会」と一緒に全国キャラバンを全国約21か所で開催するなど、ひきこもり当事者の発信による、新たな支援のユニークなアイデアを提案している。

「ネガティブ」から「共感」へとイメージを変えていきたい

２０１２年９月、ひきこもり問題を参加者で対話する〈ひきこもりフューチャーセッション庵ＩＯＲＩ〉の場で「ひきこもり大学」のアイデアを発案したところ、これが話題になって、２０１３年夏からこの活動を開始しました。

やがて当事者の活動が注目され、２０１４年５月には１００人以上が集まるイベントに発展し、ＮＨＫのニュース番組でも報道されるようになりました。

また２０１５年、関西のひきこもり経験者からのリクエストでＫＨＪ家族会と日本

※ KHJ とは、Kazoku Hikikomori Japan の略。「日本で唯一の全国組織の家族会（当事者団体）」の意。

財団による全国キャラバンを全国約21か所で開催するなど、「当事者によるひきこもり支援」が全国的なイベントになるにつれ、これまで〝ネガティブなイメージ〟だった「ひきこもり」の世界に変化が見られるようになりました。

２０１６年にはＮＨＫの主催による渋谷ヒカリエでのイベントや、横浜や茨城県のひきこもり経験者による「キャンパス」というかたちでの開催も行われ、親の悩みや本人たちの希望に合わせて、さまざまな活動を見せています。

ひきこもりの問題は最近、事件が多発し、両親や当人の高年齢化問題も浮上し、解決困難な問題になりつつあります。そこでますます学習会のようなかたちで親と子と支援者が一堂に会して対話することの重要性が高まっているのです。

一方、海外諸国でもひきこもりが話題になりはじめ、国際的な問題になりつつあります。そこで「ひきこもり大学」のキャンパスを、日本だけでなく世界的に拡大し、相互に連携していくことも求められているように感じます。

私自身、〈庵《いおり》〉への参加や、大学の開催を通した経験によって、学びや理解が深まり、人間不信が減っていくようになりました。その結果、積極的に外に出て、一人で買い物をしたり遊んだりすることも増えてきました。

ひきこもり問題へのアプローチは、必ずしも「働く」ことを目標にせず、さまざまな人々との交流を通して、「社会復帰や対人関係のリハビリをしていくこと」……現実的にはその成果が大きいということを、〈庵〉や大学の活動を通して学びました。「出会い」によって、「ひきこもりも元気になる可能性がある」ということだと思います。

２０２０年春、新型コロナウイルスによって、日本国民も世界じゅうの人たちも、外出自粛《じしゅく》やロックダウンなどで突然、ひきこもりを経験することになりましたが、これを契機《けいき》に、ひきこもり問題は「ネガティブなイメージ」から、「共感的なイメージ」へ変わるような気がします。ひきこもり大学に、この問題をかかえる多くの人たちが、もっと気軽に参加できるようになれればと願っています。

ひきこもり当事者が先生になって教える「ひきこもり大学」

ひきこもり大学は、大学といっても特定のキャンパスをもたず、ひきこもり本人が講師となって親や支援者など、希望する人に対して講義を行うスタイルの〝大学〟です。

私が2013年8月にひきこもり大学を始めたのは、2012年に先行して始まっていた〈庵〉がきっかけです。

フューチャーセッションとは「未来志向の対話の場」のことで、あるテーマに沿って数人が一つのグループになって対話をする場です。〈庵〉では、ひきこもり問題の解決をめざして、ひきこもり本人や家族、関心をもつ人が、立場の違いを乗り越えてお互いの思いを語り合う場として生まれました。私は当初からひきこもり当事者として〈庵〉のミーティングに参加し、2013年の1月、第2回目のテーマ出しのときに、「ひきこもり村」を提案したのです。

ひきこもっている人たちは、社会に対して生きづらさを感じています。自分が住んでいるコミュニティになかなか適応できない息苦しさがあるのです。そうであるならば、「こんなコミュニティだったら外に出られる」という私なりに妄想《もうそう》していたものを「村」として提案したら、〈庵〉の運営者さんがテーマとして採用してくれたのです。

その〈庵〉のテーマ案を出す中で、私は「お金をもらって親に対して、ひきこもり本人はこう思っているということを教えたい」という話をしました。

「ひきこもり当事者が先生となって、生徒である親に対して講義するなど、松下村《しょうかそん》塾《じゅく》みたいなものをつくりたい。ひきこもり大学ができたらいいな」

そんな話をしていると、〈庵〉のメンバーである、ジャーナリストの池上正樹さんが興味をもち、ひきこもり問題を解決するいろいろな案の一つとして「ひきこもり大学という構想がある」とニュースサイトの記事の中で書いてくれました。

そのとき、「ひきこもり大学って何ですか?」と読者からの問い合わせが相次いだようです。「ひきこもり」と「大学」というある種、アンバランスな組み合わせが面白かったのかもしれません。同じころ「ニート株式会社」もありました。

2013年の6月になって「ひきこもり大学」の構想について記事の読者から説明を求められたのですが、私としては親に教える人としてお金を少し稼げたらいいな、というくらいの安易《あんい》な考えがあっただけでしたから、説明を求められても、のらりくらりと逃げていました。

そのうち静かになるだろうと思っていたら、ますます「ひきこもり大学」の名前だけが知られるようになってしまい、ある中学の副校長先生から「ひきこもり大学はこんな大学にしてほしい」という要望を書いた手紙をもらうことさえありました。

そこで、この年の8月に〈庵〉でひきこもり大学の「オープンキャンパス」を行うことになりました。7月に打ち合わせをしたときには、当事者が20人以上集まってくれ、学歴がない人でも講師になることができたり参加できたりする大学にしてほしい、という要望が出てきたのです。それが私にはとても印象に残りました。

8月からはいろいろなテーマを設け、ゼミナールスタイルで行う10〜30人ほどの小さな会としてひきこもり大学は始まったのですが、当初は当事者から当事者に教えるようになってしまっていました。しかし、それが私には不満でした。当事者が親に教えるというのが、ひきこもり大学の最初のコンセプトだったからです。

「ひきこもり当事者が親に教える」がコンセプト

そのころ、噂を聞きつけた関西の当事者や経験者たちが自分たちの地域でもやりた

4.「ひきこもり大学」開催日・地域・参加人数

全国組織を有する唯一のひきこもり当事者団体として、全国８ブロック21都道府県で「ひきこもり大学」を開催した。開催スケジュールは以下のとおりである。

〈開催回数〉（開催地域）・参加人数（参加地域））
現時点でのひきこもり大学開催回数及び参加人数は、下記の通りである。

ひきこもり大学開催回数 （開催地域数）	21回（全国８ブロック・21地域）
ファシリテーター養成講座（10/3）	22名参加（全11地域）
全国当事者交流会（11/7）	181名参加
参加人数	1338名〈平均58名／回〉

表１ 「ひきこもり大学」開催スケジュール

回数	開催日		開催地	実施・連携団体名	参加人数
1	5月	9日（土）	岐阜	KHJ 岐阜県「鶺の会」	35名
2		10日（日）	三重	KHJ 三重県 「みえオレンジの会」	56名
3	6月	6日（土）	熊本	KHJ 熊本「りんどうの会」	38名
4		27日（土）	愛知	豊田・大地の会	42名
5		28日（日）	福井	KHJ 福井「すいせんの会」	50名
6		28日（日）	福島	KHJ 福島県「花ももの会」	60名
7	7月	4日（土）	青森	KHJ 青森県「さくらの会」	38名
8		11日（土）	徳島	KHJ 徳島県「つばめの会」	40名
9		12日（日）	宮崎	KHJ みやざき「楠の会」	31名
10		18日（土）	愛媛	KHJ 愛知県「こまどりの会」	50名
11		26日（日）	神奈川	KHJ 神奈川県「虹の会」	45名
12	8月	23日（日）	宮城	KHJ 宮城県「タオ」KHJ 山形県「からころセンター」	47名
13	9月	6日（日）	茨城	KHJ 茨城県「ひばりの会」	36名
14		12日（土）	大阪	KHJ 大阪「虹の会」	72名
15	10月	11日（日）	栃木	KHJ 栃木県「ベリー会」	85名
16		18日（日）	沖縄	KHJ 沖縄県「てぃんさぐぬ花の会」	21名
17	11月	1日（日）	香川	KHJ 香川県「オリーブの会」	96名（全国）
18		21日（土）	千葉	KHJ 千葉県「なの花会」	100名
19		28日（土）	北海道	KHJ 北海道「はまなす」	40名
20		28日（土）	新潟	KHJ 長岡「フェニックスの会」	41名
21	12月	19日（土）	東京	KHJ 東東京「楽の会」、KHJ 西東京「萌の会」、KHJ 埼玉県「けやきの会」	112名
養成講座	10月	3日（土）	東京	KHJ 本部、フューチャーセッション庵	22名
交流会	11月	7日（土）	東京	KHJ 本部、フューチャーセッション庵	181名

いと声をかけてくれて、関西でひきこもり大学が開かれ、これを展開してくれていた人たちが、愛知のスタッフと一緒になって「ひきこもり大学・全国キャラバン」を企画し、日本財団の助成を得て実施することになりました。

すでに全国にネットワークをもっていた「KHJ全国ひきこもり家族会連合会」と連携して、2015年に全国21か所の家族会で開催することになりました。

最初は関西で音頭を取ってくれていた方々が講師となって講義を行ってくれていましたが、途中からほかの当事者も参加してくれるようになり、参加人数は計1338名、1回平均58人の受講者を集めることができました。

2015年5月9日の岐阜での会（左ページ参照）を皮切りに、12月まで全国をまわるキャラバンとして行われ、会によっては100名を超える参加者を集めたこともありました。地方の新聞社も協力してくれました。

また、7月18日に愛媛で50名を集めて行われた会では、1限目「当事者活動学科」、2限目「自分の人生を面白がってみる学科」、3限目「当事者と社会学科」といったユニークなテーマで3人の当事者によって講義が行われ、4限目としてそれぞれのグループに分かれて対話が行われました。

公益財団法人 日本財団 助成事業

THE NIPPON FOUNDATION

KHJ 全国キャラバン 岐阜

ひきこもり当事者の社会参加を支える枠組みづくり

日時 5/9（土） 14:00～16:30（受付開始13:30～）

●会場
ハートフルスクエアーG 2F 研修室50
（岐阜市橋本町1-10-23　※東海道本線の高架下の建物です）

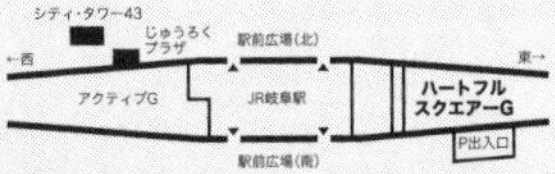

●対象者
若者の社会参加に関心がある方、ひきこもり当事者・経験者、家族、支援者など

●定員 50 名（申込者優先で、当日参加も可能です）

●参加費 1,000円 ※当事者・経験者500円
（支払いが難しい方はご相談ください）

内容

1限目
ひきこもり大学
コミュニケーション学部

テーマ：「ダイアローグ（対話）」
―ひきこもり同士が語り合う意味―
講師：NPO法人わかもの国際支援協会
理事 横山泰三さん

プロフィール：15歳で不登校、ひきこもりを経験。インターネット上で知り合ったひきこもり同士で自助グループを立ち上げる。在宅などのテレワークを使った仕事の仕組み作りを確立、現在は農業とインターネットの組み合わせによる新しい生き方を模索している。

2限目
参加者がグループに分かれての対話（見学席もご用意しています）

3限目
それぞれのグループからの発表と共有

2010年度の内閣府による調査で「ひきこもり」は全国で推計70万人と発表され、有効な解決策も見いだせないまま長期化や高年齢化が懸念されています。

私たちKHJ家族会は、1999年の結成以来、外出できない当事者に代わり家族がつながることで当事者や家族の孤立を防ぐ努力を重ねてきましたが、ともすれば親としての思いが先に立ってしまい、当事者が望む支援とのズレが生じてしまうこともありました。

一方近年になって、様々な参加者が集まり対話する場「フューチャーセッション」や、ひきこもっていた人がその経験から得られた知恵などを講義する「ひきこもり大学」など、当事者が主体となる新しい動きが各地で生まれています。

この度、関西で当事者主体の活動をしているNPOの協力を得て、ひきこもり大学と対話の場を全国で開催します。家族が当事者や一般の方との対話をする中で、当事者の側に立った新しい支援を共に考えていきたいと思っています。ぜひご参加ください。

主催：NPO法人全国引きこもりKHJ親の会（家族会連合会）
共催：KHJ岐阜県「鵜の会」
協力：NPO法人わかもの国際支援協会
NPO法人グローバル・シップスこうべ

申し込み・お問い合わせなどの詳細は、
サイト http://khj-c.net/ か、
お電話 090-6585-5770
（担当：鈴木）まで

※都合により内容等が変更になる場合があります。

このとき参加者に行ったアンケートの感想には、こんなものもありました。
「こういう体験は初めて。輪になっての対話は深かった」
「三者三様の話が聞けた。親子は頑張るほど煮詰まる。親子双方がプライベートな空間をもつことが安心につながる」
「当事者の声は本当に素晴らしい。ひきこもり問題について、専門家はあまり必要ない分野なのかなと思います」

（『ひきこもり大学KHJ全国キャラバン完了報告書』より。KHJで販売しています。頒価1000円）

これ以降、さまざまな場所で、いろいろな立場にいる人が、「ひきこもり大学」の名前を使って対話の機会をつくってくれています。当初は、当事者が当事者に教えるというケースが多かったのですが、数年たって、最近はようやく私がイメージしていた「当事者が親に教える」というかたちが出てきているように思います。

最初は、当事者同士が学び合う場として開催されても、「それは違うよ、それはひきこもり大学ではないよ」といって制限する気持ちはありませんでした。

私が、当事者同士で学び合うかたちにしたくなかったのは、教わるほうに「何で、おまえに教えてもらわないといけないんだよ」という気持ちが必ず出てくるからです。どうしても教えるほうが上で、教わるほうが下という意識ができてしまう。講師が講義を行ったあとは、各グループに分かれて対話をする場があるのですが、そうした場でトラブルになることが多いことを〈庵〉での経験でわかっていたからです。あくまでも当事者が親に対して教えるということが、ひきこもり大学のコンセプトだと考えています。

“投《な》げ銭《せん》方式”が当事者の自信につながる

ひきこもり大学のもう一つの大事な要素が、講師に対して謝礼が発生するということです。ひきこもり大学に参加するときには、500円から1000円の参加費（入学金）を設定し、さらに講師に対して謝礼を投げ銭方式で支払ってもらうことにしています。

当然、会場を押さえる費用も必要ですし、スタッフもまったくボランティアというわけにはいきませんから、参加費でそれらをまかない、講師料の対価として投げ銭方式としたのです。投げ銭にしたのは、その日の講義代として運営者からお金をもらうより、聞いてくれた人たちから直接お金をもらったほうが、より応援されていることを実感できるだろうと思ったからです。

投げ銭は、時には2万円ぐらいになることもあります。これは日本財団の助成を受けたキャラバンのときにはなかったのですが、ひきこもり大学の講義ではこのシステムを採用しています。ちなみに、〈庵〉でも同じように投げ銭で運営費がまかなわれるようになりました。

ひきこもりという言葉には、ニートとは違って、ほぼネガティブな側面しかないといっていいと思います。ニートはある面で、ポジティブな側面があります。ニートは仕事も学校にも通っていないというだけで、必ずしも生きづらさをかかえていません。そういうニュアンスがあります。

ニートは会社に隷属《れいぞく》するような働き方がしたくないだけで、ユーチューバーのように好きなことだけやって稼げる仕事なら働きたいと考えている人たちが多いように思います。自由を謳歌《おうか》している人、前向きな人が多い。

マスコミがつくるニートのイメージは、学びも働きもしない、役に立たないという負のレッテルが張られているのですが、実際は本当に好きな仕事なら働きたいと思っています。「いまは何もしていないだけ」という感覚があるので、本人もあっけらかんと「僕はニートです」と口にします。

しかし、ひきこもりの人で、堂々と「僕はひきこもりです」と言える人はまずいません。それは、生きづらさをかかえているからなのです。

そのようにしてネガティブな側面しかない「ひきこもり」にも、価値があるのではないかと、ひきこもり大学を始めてからだんだん私自身も気づいていったのです。

「ひきこもりは決してつらいだけの経験ではない」「この経験を通して得た気づきや学びは、ほかの人にとって価値があるかもしれない」「それを聞きたい人もいるかもしれない」「聞いた人がお金を払ってくれるかもしれない」「お金を得られたら、ひきこもりを価値に変換することができたといえるのだから、まさしくこれはひきこもりのポジティブな側面になるのではないか」……そんなことを感じるようになっていったのです。

婚外子《こんがいし》として育ち、アダルト・チルドレンに

そういう私も、20代のころからひきこもりのような生活をつづけて、15年以上が経ちました。

大学で学ぶ意義が見出せず、中退して就職したものの、精神的なストレスで病を発症して働けなくなり、病院に通うようになったのが23歳のころでした。

当時は自分がひきこもりになっていながら、ひきこもりよりも「アダルト・チルドレン」のほうに興味があったのです。

アダルト・チルドレンとは、子どものころの家族関係などが原因で、精神的に不安定な状況で育ち、成人後も人間関係や生き方に悩んでいたり、精神疾患などの問題や課題をかかえていたりする人のことを指しますが、私の精神的な病は、親子関係に端《たん》を発するものだということに気づいたからです。アダルト・チルドレンに関する本を読んだり、専門の病院で医師から教えてもらったりするうちに、家族の問題は連鎖《れんさ》することもわかってきました。

私の母は、他に家族を持っていた父と出会って不倫《ふりん》関係となり、未婚《みこん》のまま私を産みました。母は私から見ると、いまでいう発達障害をかかえた人で「ＡＤＨＤ（注意欠如・多動性障害）」の傾向があります。

普通ではない家庭環境が私の生きづらさに影響しているのではないかという思いが、病院のカウンセリングを受けたり、自助グループの会に参加したりしていくなかで、「自分の精神的な病は親のせいにちがいない」という確信になっていきました。

ただ、病院や自助グループに通っても、生きづらさは解決しないままでした。「ひきこもりについて考える会」に通い始めたのが27歳になるころでした。そこにはひきこもり当事者も来れば、その親も来る、支援者も来る、〈庵〉のようなひきこもり関連の会の中ではいちばんの老舗《しにせ》です。

私は会社に勤めた経験があるので、他のひきこもりの人に比べると、少し元気で意見も言えました。すると、会に集まってきたひきこもり当事者から「あなたは、ひきこもりじゃないよ！」と言われたりしていました。

私が会の中で言っていたことは、働けないとか、ひきこもっているのは、自分の責任ももちろんあるけれど、社会もおかしいからでもあるのだということ。ひきこもりの問題は、本人が「自分がこうなったのは社会のせい」と考えるほうが社会に出られるのです。個人の問題にすると、自分が悪いから、自分がダメだから仕事ができないんだと感じて、よけい、ひきこもってしまいます。

しかし、社会にも原因があるということになると、自分は悪くないということになり、なぜ社会が悪いのかということを考えるようになります。つまり外に目を向けるようになるのです。「なぜ社会が悪いのか」を突き詰めていくと、社会から学ばなければならないから、社会復帰せざるをえなくなるのです。ひきこもりについて考える会に行って、いつもそんな主張ばかりしていたものだから、会の中で私は浮いていました。

この会には何年も通いましたが、そのうち、自分のひきこもりは解決しないんじゃないかと考えるようになっていきました。「ひきこもりについて考える会」は、答えを出すのが目的ではなく、考える会なのだから仕方ないのですが、私の中では不満がたまっていきました。

そこで「こんな会ができるみたいだよ」と情報を得たのが、〈庵〉でした。その運営に関わる中で「ひきこもり大学」の構想を得られたのは、すでに述べたとおりです。

この大学がきっかけで、ひきこもりから脱出した当事者たち

ひきこもり大学をきっかけに自信を取り戻した当事者はたくさんいます。ひきこもりから脱出した人もいます。登壇《とうだん》して講義する人はもちろん、運営にたずさわった当事者たちの中にも、脱出できた人がいます。こうした会に参加することで、対人スキルを学んだり、向上させたりするためのトレーニングになるからでしょう。お金を扱うことも、本人の成長をうながす意味で大変意義があります。

ただし、ひきこもり大学のキャンパスを開催することはそう簡単ではありません。ひきこもり大学では、テーマを決めて講師を人選し、会場を押さえて告知・宣伝をして人を集めなければなりません。お金を払ってもらうのだから、運営にもそれなりのクオリティが必要です。

これらのすべてを当事者たちがやって成功している横浜キャンパスのようなケースもあれば、当事者たちだけでやろうとしてなかなか広がっていかないケースもあります。うまくいっているキャンパスは、協力者がうまくサポートしているのです。事務

的な作業は支援者のほうが圧倒的にできるのですが、講義に関しては当事者のほうがオリジナリティはあります。だから、当事者・支援者・親の三者がそれぞれの役割を分担することで、うまく大学を運営していくことができると思っています。

なによりひきこもり大学の意義は、当事者が講師の役割を果たすことで、ひきこもりの人たちの中で浮かび上がった存在になれることです。いままでひきこもっていて、自分は役立たずだと思っていた人が、急に「先生！」と呼ばれるようになると、うれしくなり、自信にもなります。

講師をしたいと言ってきたある当事者の一人が私に、「履歴書《りれきしょ》に〝ひきこもり大学の講師〟と書きたいんです」と言ってくれたことがありました。

ひきこもりの期間は、履歴書では空白になってしまう。それが「講師」の肩書を書くことができたら、格好がつくからというのです。どんなかたちでもいいから講師の経験があれば、実績になるだろうし、キャリアの一つになるだろうというわけです。講師でなくても、学生として学ぶだけでも、「ひきこもり大学入学」と履歴書に書けるかもしれません。

学科名によってピンポイントでマッチさせる

本書を読んでいただければ、よくわかるように、ひきこもりといっても、その事態に至った理由は千差万別です。親が子どものひきこもりの理由を知りたい、脱出させる方法を知りたいと思って大学に来ても、性別、年齢などでミスマッチが起きてしまっては、双方とも時間の無駄になってしまいます。

そこでひきこもり大学では、学部学科名によってピンポイントでニーズをマッチさせることを考えました。たとえば、「カギをかけた理由学科」です。カギをかけて自室に閉じこもったことのある経験者や当事者が講義します。

親はなぜ子どもが閉じこもっているかわからないのですが、子どものほうには明確な理由があります。出てきて話せる人にお金を払って、その気持ちや考えを教えてもらいます。すると、子どもの気持ちや考えが「もしかしたらこうなのかも」と、本人からではないけれど、聞けるかもしれない。そうすれば、自分の子どもが自室にこもりたくなる気持ちも、なんとなくわかるようになります。

ひきこもりの中には、いろいろな人がいるので、学部学科は発達障害学部、ニート学部、対人恐怖症学科、毒親《どくおや》学科というふうに、できるだけこまかく分類し、「これは私のための学びの場だ」と受講者に思ってもらえるものにしなければなりません。

そうして自分の体験を人に話すことは意味があるのだということに、大学をやってみて初めて気づきました。それが特別な経験であればあるほど、価値あるものになります。その経験に人はお金を払うのだということがわかったのです。

お金をもらえなければ、いままでの体験発表と同じです。投げ銭方式でお金が支払われることが大きな意味をもつのです。自分のメッセージを価値ある情報として発信できることは、新鮮なことだったし、そのこと自体が本人の治療になったりもします。

当事者にとっては、個人的な体験を聞いてもらえることは、自分を受け入れてもらう体験にもなります。私はキャラバンの先生を見たときに、満足感を得ているのを感じたので、ひきこもり大学講師の経験は本人たちの成長につながると思いました。

「人と違う経験をしたことは価値になる」

「人と違っているから意味がある」

このことが、ひきこもりであることのポジティブな側面なのです。

考えてみれば、肉親を犯罪や事故で亡くした人の講演会なども、同じような性格のものだと思います。

本人にとっては、不幸なことだったり、消したい過去だったり、忘れたい思い出だったとしても、見方によっては、それを知りたいとか学びたいという人もいるのです。「そういう人がいるなら話してみようか」という場として大学があります。

人とは違う経験には学びと気づきがあって、それはほかの人にとってもヒントや癒《いや》しになります。失敗がもしかしたら成功につながるかもしれない。そういうメッセージを「ひきこもり大学」は発信していきたいのです。

失敗と見られるような、不登校やひきこもりも、その後の生き方によっては学びの素材になる。そうすることができれば、失敗は失敗でなくなるはずです。

現在、ひきこもりについては、本人の意思とは別に、社会の側にマイナスのイメージが根強くあります。それを本人たちの努力で、前向きな言葉に変えていくことが必要だと思っています。

ひきこもり大学の今後の展望と期待

ひきこもり大学は、今後、さらにひろがりをもった活動に育っていくことを期待しています。「ひきこもり大学」という名称を使って、さまざまなアイデアを出し合い、ひきこもり本人も、親も、支援者も、その他の人も、みんなが学べる対話の場になればいいと思っています。

そして、人間の煩悩《ぼんのう》の数と同じ、108つのキャンパスができることをめざしたいと思います。ひきこもりの人の数が120万人といわれていますから、これくらいの数のキャンパスがなければ、思い立ったときにいつでも学べる環境にはなりません。

今後は、親が講師になっていくのもよいと思っています。いまの流れでは、親も当事者になっているのです。「ひきこもりの子をもった親」という当事者です。特別な経験をしたという意味では、親も間違いなく当事者であり、経験や解決策を話すことは価値になります。

すでにこの試みは小さいながらもスタートしており、KHJではひきこもりの子どもの問題を克服した親に、講師になってもらったことがあります。

これについては、第4時限目に登場してもらった親御《おやご》さんたちのような方々が、講師になってもらえればと思います。当事者たちと違って、親同士が学び合うときには、どちらが上か下かのような関係性は生まれにくいでしょう。

親たちはそれまではカウンセリングを受けたり、講義を聞いたりして、お金を払う立場でしたが、今度は回収する番になるわけです。つらく苦しい経験をした親ほど、報酬《ほうしゅう》が得られ、評価され、自信を得られるわけです。

親自身が幸せになっていけば、その雰囲気は子どもにも伝わります。家族の中で一人が元気になることによって、家族にポジティブな循環を与えていく。それには大学の講師を、お母さんやお父さんたちにもやってほしい。そうして親が幸せになれば、結果的に子どもも元気になっていくはずです。

当面の夢は「ひきこもり大学サミット」

こうしてひきこもり大学がどんどん広がっていき、年に1回でもいいからすべての関係者が集まってサミットを開くのが私の目標です。そこで各地のキャンパスがつながって、当事者や親たちのサポートステーションの機能を果たす場になれればいいと思っています。

私は大学のブランド価値を上げたいのです。ひきこもり大学のイメージが上がっていけば、先生の報酬も増えるだろうし、最新の情報も得やすくなるでしょう。とにかく、ひきこもりの経験が価値になるのだということを伝えたいのです。

親も本人も、ひきこもっているという状態を、悪いもの、排除すべきものととらえていると、よけいにひきこもってしまうけれども、価値があるもの、対価《たいか》が得られるもの、と視点を変えることでポジティブなものに変換できます。その変換装置が大学です。これが〝ひきこもり革命〟なのです。

珍しいものほど、価値があると気づけばお金になったり、時には人助けになったりするものです。そうなると、最終的には「ひきこもってよかった」「ひきこもったからこそいまの自分がある」となっていきます。その価値の転換をするのは、ほかならぬひきこもり本人であり、親でもあるのです。

いまは価値観が多様化し、大きく変わってきている時代です。お金がすべて、働くことがすべてだったものが、ＡＩが出てきて、ベーシックインカム※が導入され、働かなくていい時代になるかもしれません。

生きづらさがなぜ出てくるかというと、自分で自分の価値観の枠組みをつくってしまい、そこから出られなくなってしまうからです。それは働くべき、自立すべきということ。社会に適応しなければいけないといった、社会規範です。

凝《こ》り固まった価値観が、違う価値観に触れると、「そんな考え方があるのか」「そういう見方もあるな」と世界が広がります。最後には、「こんな生き方でもいいんじゃないか」と自己を肯定できるようになっていくのです。

多様な価値観を話せる場があることが大切で、〈庵〉の精神を大学は引き継いでいます。私が〈庵〉で学んだことは、自分と違う考え、価値観を受け入れるということ。受け入れるというのは、自分の価値観や考えを、他人の言うとおりに変えることを意

※ベーシックインカムとは、basic（基本的）income（収入）、つまりは政府が性別・年齢にかかわらず無条件ですべての国民に、生きるのに必要な最低限の金額を支給するという制度。

味しません。そういう価値観、考えがあるのだということを認めること。そういう基本的な姿勢がないと、どっちが正しいか、どっちがあるべき姿かの議論になってしまいます。お互いを認め合うことが土台にないといけない。それには一人の人間として、自分より上でも下でもない対等な人間として尊重するということが必要です。

ひきこもり大学の中で違う価値観に触れ、自分の思考の枠組みから出て、多様な価値観に触れてほしいと思います。そうすることで、ひきこもっている人だけでなく、すべての生きづらさをかかえる人の学び、気づき、癒しになっていく大学になると思います。

第2時限目

マスコミ学部　ジャーナリズム学科

「ひきこもり大学」入学ガイダンス

ひきこもり当事者への取材を通して感じたこと

ジャーナリスト　有馬知子

有馬知子（ありま・ともこ）

フリージャーナリスト

早稲田大学卒業後、1998年、共同通信社に入社。経済部、生活報道部などを経て2018年独立。取材分野は、働き方、児童虐待、性被害など。インターネット媒体『日経DUAL（デュアル）』に「親たちへ　私がひきこもった理由」「子どもがひきこもりに　そのとき、親は……」を連載。『AERA』『ビジネスインサイダー』などにも記事を執筆している。

労働問題を取材する中で「働く」という領域の外にいる人々の存在に気づき、話を聞きはじめたのが、ひきこもり当事者を取材するきっかけになった。

ひきこもりはモンスター？　じつは多様で豊饒《ほうじょう》な世界

「ひきこもり」というと、あなたはどんな人をイメージするでしょうか。

マスメディアでは、通り魔殺人や一家殺害などの事件が報道される際に、しばしば被疑者《ひぎしゃ》がひきこもりだったことがクローズアップされます。とくに２０１９年は、５～６月にかけて、川崎殺傷《さっしょう》事件、元・農林水産事務次官の長男殺害事件が連続して発生し、厚生労働大臣が「安易に事件とひきこもりを結び付けるのは厳《げん》に慎《つつし》むべき」とのコメントを出して、火消しに追われるほどの事態に進展しました。

事件報道によって、彼らをあたかもモンスターであるかのように思い込んでいる人もいるかもしれません。しかし多くの場合、事件の背景には、ひきこもり以外にも、貧困や孤立、家庭の機能不全、本人の精神・知的障害など、さまざまな要因が重なっています。筆者としても「ひきこもり＝犯罪予備軍」という短絡的な見方は的外《まとはず》れだと強調したいのです。

私の取材した当事者たちは、もちろんモンスターなどではなく、一人ひとり非常に多様な人生と、長いあいだ自分に向き合いつづけてきたがゆえの豊穣な精神世界をもっていました。

「ひきこもり100万人時代」の到来

内閣府の定義する「広義のひきこもり」は、40歳未満の人数が推計54万1000人（2015年調査）。さらに2019年の調査で、40～64歳の人数が61万人にのぼると推計され、「ひきこもり100万人時代」の到来が明らかになりました。

私が取材を始めたのは、2012年ごろからだったと記憶しています。当初は取材するのがちょっと怖かったのも事実です（みなさん、ごめんなさい！）。彼らは世間に怒りや反感をいだいており、取材などは拒まれるのではないかと思ったのです。

しかし、出会った彼らは意外なほど明るく、闖入者《ちんにゅうしゃ》である私に対しても、優しく取材に応じてくれました。おしゃべりでユーモアたっぷりの人もいましたし、語りたいことがたくさんある人もいました。

もちろん口下手《くちべた》な人も、取材に応じたがらない人もいますが、要するに、ひきこもりでない取材相手と、なんら変わらなかったのです。

それ以来、世間の人に「変わらないんですよ！」と伝えたくて、私はひきこもりに関する記事を書きつづけているような気もします。彼らとのあいだに壁をつくってきたのは、むしろ、私たち社会にいる人間のほうではないでしょうか。

旅していても、専業主婦でも……「生きづらさ」がキーワード

当事者の生活も一人ひとり違います。ひきこもりでもコンビニやブックオフに行ったり、全国を旅して回ったり、深夜のジョギングや筋トレを欠かさなかったりするんですよ、と言うと、実態を知らない人は啞然《あぜん》として、こう問いかけます。

「それって、ひきこもってないのでは？」

内閣府は、広い意味でのひきこもりを、「趣味の用事では外出するが、それ以外は自宅ないし周辺のコンビニ程度にしか出かけられない状況が６か月以上つづく」と定義しています。彼らも立派（？）に、この条件に当てはまるのです。

さらに当事者団体などに行ってみると、アルバイトや正社員として働いていても、自分を当事者だと考えている人は結構多いのです。また専業主婦の中にも、ひきこもっているという認識をいだく人が多数存在します。

「ひきこもりか、そうでないか」の分水嶺《ぶんすいれい》は結局、外形的な要素ではなく、本人の「生きづらさ」だと、私は考えています。社会になじめないという違和感や、他人への恐怖心をいだき、社会に対して自分を閉ざす人は、ひきこもり、または、ひきこもりの「ようなもの」だと自分を認識しています。逆に、外見上は内閣府の定義に該当しても、生活に充足し社会への違和感がない人には、当然ながら「ひきこもり」という自己認識はまったくありません。

過酷な体験をサバイブ
傷つきやすく、優しすぎる人々

「マラソンに旅行……」などと書くと、気楽な人々のように思われるかもしれませんが、当事者の多くは、過酷な経験を乗り越えてきた人たちばかりです。

「ひきこもり生活からなんとか脱しよう」と訪れたハローワークで、意地の悪い職員に「いいご身分だな」と言われ、「自分はいい身分なんだろうか」と悩んでまた2年、外に出られなくなってしまった男性がいました。

あるいは、いじめにあいながらも必死に生きる中で、社会に出るエネルギーを使い果たしてしまった人。身内からの言葉の暴力に耐えられず、その人を殺さないためにひきこもった人。母親に包丁を突き付けられて逃げた子ども時代をもつ人。希死念慮《きしねんりょ》（具体的な理由はなく漠然と死を願う状態）にとらわれ、薬物の過剰摂取（オーバードース）で何度も救急車で運ばれた人……。

そんな話からは、傷つきやすく、優しすぎて社会に出ていけなくなった彼らの姿が浮かび上がってきます。

話をしてくれた当事者たちは、すべての希望を失う「底つき」を体験し、そこから少しずつ浮上してきたのです。彼らは（たとえが適切かどうかはわかりませんが）、冒険家や登山家よりはるかに危険な場所から、サバイブした（乗り越えてきた）のだと思わずにはいられません。

ただ、私が取材した当事者の大半は、人と会う段階まで回復できた人たちです。彼らが形容するところの「ガチ」の人――いままさに底へ向かって沈みつつある人や、絶望から浮上できないでいる人も多数存在することも、見逃してはなりません。

歴史的変遷――不登校、ニート、そして大人のひきこもりへ

出版物などを見ると、「ひきこもり」という言葉は１９９０年代から存在しています。これを受けて、１９９９年12月には、ひきこもり当事者をもつ親の団体（現・ＫＨＪ全国ひきこもり家族会連合会）が設立されています。

ただ、当時のひきこもりは「子どもと若者の病《やまい》」であり、不登校と同じ文脈で語られることがほとんどだったようです。当時出版された本には、学校でいじめにあうなどして心を閉ざした子どもに、親はどう声掛けをするべきか、云々といったマニュアルが目立ちます。

１９９０年代後半から２０００年代初頭にかけては、バブル崩壊後の不況に加え、製造業の海外シフトが進むなど産業構造が大きく変わっていきました。このあおりを

受けたのが20代の若者たちです。新卒採用が大幅に抑制される「就職氷河期」が到来し、不本意ながらアルバイトで稼ぐフリーターや、派遣・契約社員などの非正規労働者が増加していきました。

加えて２００５年ごろ、社会経済学者の玄田有史《げんだゆうじ》氏らによって英国の「ニート（NEET：Not in Education, Employment or Training ＝若年無業者）」という言葉が紹介され、ひきこもりとセットで使われるようになります。

ただこのころ、世間の多くの人は「社会に違和感をいだいて出ていけない若者」と、「経済情勢によって職に就けなかった若者」を混同していたふしがあります。ひきこもりとニートやフリーターをひとくくりにして「無気力で無責任な若者」と批判する空気も強かったのです。

それに加え、経済構造が複雑化、多様化するにつれて、ひきこもり的な傾向をもつ人たちがどんどん働きづらくなっていった側面もあります。ある自治体の「地域若者サポートステーション」（サポステ）職員の一人が、こう話してくれました。

「なかなか就労できず発達障害を疑われる男性が、父親とカウンセリングに訪れたことがあります。驚いたことに、２人の性格は発達の凸凹も含めてそっくり。なのに父親は高度成長期に大手商社へ入り、息子は仕事に就けない。昔はよかったし、現代は厳しい時代だと痛感しました……」

いまやコンビニのアルバイト一つ取っても、接客に宅配や公共料金支払いの対応、簡単な調理など、業務範囲がどんどん広がっています。一般企業も、成果主義の導入やリストラなどによって、大量の仕事を効率よくこなすことが求められるようになり、ブラック企業も出現しているのが現状です。こうした環境の変化が、社会人のひきこもり増加につながったと言えるでしょう。

増えつづける「大人のひきこもり」

ＫＨＪによると、ひきこもり当事者の平均年齢は、２００４年調査で27・６歳でしたが、２００８年には30歳を超え、２０１２年に31・４歳と上昇、高年齢化がじわじわと進みました。こうしたなか、２０１０年ごろから「大人のひきこもり」が注目されはじめます。

理由は二つあると考えられます。まずは高年齢化があまりにも進み、大人のひきこもりの存在を社会が無視できなくなったこと。また、ジャーナリスト池上正樹氏が『ドキュメントひきこもり——「長期化」と「高年齢化」の実態』（宝島社、２０１０年）を上梓するなど、マスメディアや支援者も彼らに関心を寄せるようになりました。

二つ目がインターネットの普及によって、当事者自身が自室にいながら情報を発信できるようになったことです。40〜50代の当事者が、10年以上に及ぶひきこもり体験をブログやＳＮＳで語り、ネットを介して別の当事者や支援者とつながりはじめました。

特にネットの普及は、当事者を取り巻く環境に大きな変化をもたらしました。自助グループや対話の会といった集まりがにわかに増え、後年の『ひきこもり新聞』など、当事者自身による情報媒体《ばいたい》設立の動きにもつながっていきます。

当事者の時代

象徴的だったのが、第1時限目で紹介された寅《とら》さんの「ひきこもり大学」構想と、２０１２年9月から始まった〈ひきこもりフューチャーセッション庵ＩＯＲＩ〉でしょう。

２０１３年、ジャーナリスト池上正樹氏に「ひきこもり大学」の話を最初に聞いたときは、たいそう驚いたものです。なんといっても、支援者が当事者を助けるという従来型の関係性を、当事者が教師になることで逆転させる発想が新しかったからです。「発達障害学部」「ファッション学部」など、さまざまな角度から「ひきこもり」を語れそうな「大学」という名称にも可能性を感じたものです。

発案者の寅《とら》さんには当時、いろんなことに対する怒りがあったのではないでしょうか。

「上から押しつけられる」「なのに一向に効果が上がらない支援」「そして自分たちの存在に無関心な社会」……。そこであえて当事者が「上から目線」に立つことで世間を驚かせ、社会が当事者に提供してきた支援の無力さ、理解不足を知らせてやりたい、と考えたのではないかと推測します（寅さん、違っていたらすみません。でも支援に対する怒りは、おそらくひきこもり当事者の多くが、一度はいだいたことがあると思います）。

〈庵〉は、当事者と支援者、ひきこもりに関心のある人すべてが同じ目線に立ち、意見を交換する集まりです。都内では2か月に一度、開催されており、近年は参加者が１００人を超えることも珍しくありません。また茨城や大阪など東京以外の一部地域でも、同様の集まりが開かれました。

〈庵〉では、親や支援者が苦しみや困りごとを打ち明ける「お悩み相談会」状態になることも珍しくありません。自分の子どもや被支援者にはつい上から目線になってしまっても、他人である当事者のアドバイスは素直に聞けるからでしょう。

一方、当事者も自分の親は許せなかったり、冷静に話せなかったりしますが、他人の親には「自分だったらこうしてほしいと思います」と、一歩引いたかたちで対応できます。他者を否定せず、互いの意見を認め合うという〈庵〉のルールも、対話をうながす大きな後ろだてになっているのです。

また〈庵〉で生まれた構想や人脈から、さまざまな当事者活動が派生しました。２０１６年創刊の『ひきこもり新聞』や18年創刊の『ひきポス』、女性のひきこもり当事者が気楽に集まるための「女子会」、第3時限目に登場するスタイリストの河面乃《かわもの》浬子《りこ》さんによる「上を向いて生きよう（現在開催中のイベント名は「自尊心 Wake up! ひきこもりライフシフト」）」、ひきこもりの高年齢化を考える「ひ老会」……など、〈庵〉の中核メンバーが関わる活動は、枚挙にいとまがありません。

そして２０１８年４月、東京をはじめ青森、兵庫、香川などの当事者団体がネットワーク化し、ＮＰＯ法人「Ｎｏｄｅ（ノード）」を設立しました。Ｎｏｄｅの誕生は、ひきこもり当事者が社会に情報発信と意見表明をするだけの力を持った、という意味で大きな現象と言えます。

「就労」が支援の最終ゴール？

一方、公的支援には課題が多いのも事実です。

当事者を理解しようとつとめる支援者が増える一方、まだ「上から目線」で考えを押しつけてくるような行政職員も少なくないようです。40代のひきこもりの子どもについて、親が行政に相談したところ「あなたが甘やかしたせいだ」と説教され、「もう二度と支援など頼らない」と席を蹴って出てきた、などという話も、いまだによく耳にします。

大都市圏では、ある支援施設に合わなかったら別の施設へ移るという選択肢もありますが、過疎地の住民には「そもそも施設が通える場所にない」という悩みもつきまといます。

特に「問題だ」と感じるのは、ひきこもり支援のゴールを「経済的自立＝就労」に置きがちな社会の風潮です。

政府は２０１９年、「就職氷河期世代」のひきこもりや長期無業者を対象とした支援強化を打ち出しました。当事者の「居場所」の整備や、サポステの機能強化などが掲げられていますが、従来のサポステに関しては「就労できなそうだと判断されると、医療機関を紹介して終わり」といった批判も、当事者から聞かれます。

当事者は就労訓練後、民間の店舗や企業に就職しても、数か月、１年といった短期間で離職してしまう人が非常に多いのです。

特に入職まもないうちは、疲労や精神的な波が大きく、仕事に行けなかったり生産性が落ちたりする日が出てきます。昼夜逆転の生活を何年間もつづけた人にとっては、朝起きるだけでも大変なことなのです。

訓練施設では、ある程度理解してもらえても、一般企業では上司や同僚からきびしい叱責《しっせき》を受けることもあります。

さらに、ひきこもりから外に出始めた当事者の受け皿になる仕事は、店舗での接客や介護、製造現場など、労働集約的な分野に偏《かたよ》りがちです。これらの業務は、彼らがもっとも苦手とするコミュニケーションやチームワークが不可欠なのですが、そのことも、就業継続を難しくしている一因です。

いまの時代は、ひきこもっていない人ですら仕事はつらく、ストレスも多いので、ひきこもり経験者にとっては、さらにハードルが高いのは当然と言えるでしょう。一般就労に出て、過去に患《わずら》っていたうつ病などが再発し、再びひきこもるといった事態を招くこともあります。

こうした現状を打開するために、2017年12月には、ひきこもり当事者と経験者らが「株式会社ウチらめっちゃ細かいんで」を設立し、在宅ワークを提供する活動も始まりました。公的な支援の場でも、当事者の適性に応じた仕事とのマッチングを、さらに進める必要があります。

さらに言えば、少子高齢化が進んだ現在、親の持ち家や車などを相続する予定の当事者も多いのです。保有資産を活かしたうえで、一定の家計補助とできる範囲での社会参加を組み合わせるといった支援のほうが、政策効果は高まるかもしれません。当事者をとにかく一般就労へと追いこむような支援は、見直す必要があると感じています。

福祉的なアプローチを整備、公的支援に変化の兆《きざ》し

ただ、当事者の声が届きはじめたことで、支援にも変化の兆しは表れています。厚生労働省は、「本人や家族にきめ細かい支援をするため」として、２０１３年度から「ひきこもりサポーター」を養成しはじめました。養成者数は２０１７年度で３０００人を超えました。この中には、経験者、家族などがより近い目線で相談に応じる「ピアサポーター」も含まれています。

また２００９年度、精神医療との連携などを担う「ひきこもり地域支援センター」が設けられ、18年度の設置件数は75か所にのぼります。当事者の情報発信によって実態が明らかになったからこそ、政府側も福祉的なアプローチを強めるようになったと考えられます。

また2018年までは、多くの自治体が支援対象年齢を「おおむね40歳未満」としていましたが、当事者が高年齢化する中で、対象年齢を撤廃する動きも広がりつつあります。今後は年齢や地域にかかわらず、必要とするすべての人に支援が届く体制になることを願います。

公的支援とは別に、当事者を部屋から強制的に連れ出す暴力的な支援団体、いわゆる「引き出し屋」が依然として多数存在するのも問題です。彼らは長期化を恐れる親の弱みにつけ込み、「半年で自立させます」「私たちプロに任せてください」などと説得して、当事者を団体の施設へと隔離するのです。本人の意思に反して就労訓練を押しつけたり、監禁または軟禁状態に置いたりすることもあります。「3か月で500万円」など多額の報酬を要求する施設もあります。

施設を脱走したある女性は「自室のドアを外して侵入してきた施設職員に、両手両足を持ち上げられ連行された」と証言しています。連れ出しの恐怖からPTSD（心的外傷後ストレス傷害）を発症し、脱走から半年以上たっても悪夢に苦しんでいる人もいます。

また同じ施設を脱走した男性は、連れ去られたあと、監禁された部屋でも入所を拒みつづけたところ、精神科に入院させられてしまいました。3日間は閉鎖病棟でおむつをはかされ、身体拘束を受けたといいます。この男性は2019年2月、不当な拉《ら》致監禁《ちかんきん》によって損害を被《こうむ》ったとして、施設を提訴しました。

男性のように、被害者や親が業者を提訴したり、入所者が集団脱走したりといった事件がしばしば発生したことで、施設の実態は近年、少しずつ明らかにされつつあります。2019年末には、こうした業者の一つが破産に追い込まれました。

精神科医の斎藤環《さいとうたまき》氏は、筆者の取材に対して、「いわゆる『引き出し屋』の商法がハマって社会復帰する例もないではないが、大半は失敗する。そうなったときに親との関係が修復不能なほどに悪化し、社会への不信感が強まるなど、ダメージが大きすぎる」と話してくれました。

親が死んだらどうしよう……「8050問題」が突きつける親子の焦《あせ》り

私も子をもつ親ですが、「早く出てきてほしい、充実した人生を送ってほしい」と焦る、家族の気持ちはよくわかります。即効性を求めてつい「引き出し屋」に頼りたくなるのも、決して支持はできませんが、理解はできます。

ある支援施設で出会った母親は、長男が就職直後、企業を辞めてひきこもってしまったうえに、夫ががんを告知され、精神的に追い詰められていました。「ここ（支援施設）の人に『焦らないで。7年もすれば出てくるわよ』と言われて、『そんなに長いの……』と思いました」と憔悴《しょうすい》した様子で話してくれました。不安のあまり、長男の部屋の壁越しに「もうあの子はダメよ」と聞こえよがしに言ってしまうこともあるそうです。

こうした親の焦りの究極的なかたちが「8050問題」でしょう。ひきこもり当事者が高年齢化して50代に差しかかると、親はもう80代。「自分が死んだら、この子はどうなる」という親の悩みは深いのです。中には将来を悲観し、高齢の親が子どもを殺害する痛ましい事件も起きています。

子どもの側にも、介護や看取《み》り、死後の相続問題が重くのしかかります。親の年金頼みで生きている場合、生活が立ちゆかなくなってしまう恐れもあるのです。

でも、焦りは禁物です。何らかのかたちで「支援」とつながってさえいれば、子どもまでもが死に追いやられるような事態はほぼ起こらないと言っていいのです。

「親が（O）死んだら（S）どうしよう（D）」……こうした当事者と親の不安に対応するため、２０１７年、ひきこもりに詳しい相談員らが中心となり、「ＯＳＤよりそいネットワーク」を立ち上げました。司法書士やファイナンシャルプランナー、葬祭業者など、専門家の協力を得て、親亡きあとの子どものライフプランや、葬儀の手配などの相談に応じています。

ある当事者の女性は、２０１８年12月の同ネットワーク講演会で、別居していた父親を亡くした際、ゴミ屋敷と化した自宅の清掃に多額の費用がかかったことや、不動産の相続で役所をまわった経験を紹介し、集まった親に「ぜひ土地の整理と不用品の処分は早めにやってほしい」と訴えました。

さらに「『私たちは弱って面倒を見きれない、働いて社会に出て』と親に言われても、できないものは難しい。役所に行けば生活保護、精神医療など使える制度はたくさんある。節約して子どもにお金を残すより、自分自身の楽しみに使ってもいいのでは」と語っています。

親の中には、「ひきこもりの子どもに少しでも財産を残したいから」と、家の改修もせず床の傾いた家で暮らす人、必要な介護サービスすら受けない人、無用な投資にお金をつぎ込んだ挙げ句、持ち家をなくしてしまった人すらいます。親自身が舅《しゅうと》・姑《しゅうとめ》とのあつれきや介護、精神的な不安定さ、貧困、孤立など、複合的な問題をかかえているケースもしばしば見られます。

「親にも自分の人生を生きてほしい」という言葉は、この女性に限らず、当事者からしばしば聞かれます。親自身が頼る人を見つけて苦しみを軽減し、人生を前向きに生きることも、「８０５０」を切り抜ける一つの方法なのではないでしょうか。

「親に見てほしかった」、ある当事者の訴え

ある30代の男性当事者に「親にいちばんしてほしかったことは何ですか？」と聞くと、こう答えてくれました。

「自分をちゃんと見ていてほしかった。幼いころから周囲になじめず、いじめられたこともあったけど、全然気づいてくれなかった。保育園もつらくて、帰宅するときなど傍目《はため》にもしょんぼりしていたと思うんですが、話を聞こうとしてくれた記憶はない

んです」

〝ぎくり〟としました。

私自身、毎日、子どもの食事や入浴の世話、宿題のチェックなどをこなすのに精いっぱい。歯科矯正《きょうせい》やら習い事やら、将来のためにとさせているもろもろが、さらに生活を忙しくして、いま現在の子どもの様子をきちんと見ておれているかとなると、自信がありません。

ひきこもり当事者の親が、「働いて」「外に出て」と言うのも、将来を心配するがゆえでしょう。しかし子どもは将来ではなく、いまの自分を見てほしいのかもしれません。

失敗と負けを世の中へ！　山田ルイ53世の主張

お笑いコンビ「髭男爵」の山田ルイ53世さんは、中学2年から6年間ひきこもった経験を公表しています。ある講演で、彼は語りました。

「マスメディアの取材を受けると、体験を話したあとに必ず『ひきこもったからこそ、いまの山田さんがあるんですよね?』と美談にしたがる。何をしても、そこに意味がないといけない、という圧力が強すぎる」

山田さん自身は、ひきこもりから脱するために、とりあえず大学に入り、大学生活がうまくいかずにお笑いへ逃げるといった具合で、生きがいや情熱とは無縁に生きてきたと言います。

「意味や生きがい、情熱はなければならないものなのか」「人生は成功しなければいけないのか」と、山田さんは問いかけているのです。

「僕はひきこもり体験を語ることで、負けと失敗をもっと世の中に供給したい。『無駄は無駄や』とすら言えない社会は、いろんな人をしんどくさせているのと違いますか……」

当事者の中にはもちろん、ひきこもる中で自分と家族の関係を見つめ直したり、人生について考えを深めたりして意味のある時間を過ごす人もいるでしょう。「ひきこもり体験は人生の糧《かて》」と話す経験者も多いのです。ですが、「本人ではなく社会が、無理やり意味を求めるのは間違っている」——そう山田さんは言いたいのではないでしょうか。

失敗や負けを、ありのまま外に出せない社会は、それを暗闇《くらやみ》へ封じ込めようとします。ひいては、ひきこもりの人々をも〝見えないもの〟として、排除してしまいかねません。

ひきこもり経験者でアーティストの渡辺篤《あつし》さんは、ひきこもり当事者の部屋の写真を集める活動を「アイムヒア プロジェクト」と名づけました。当事者たちが「自分たちはここにいる」と伝えることが、失敗や負けを許容する社会をつくることへの第一歩なのかもしれません。

今年全世界を襲ったコロナ禍の中で、私たちの行動力は白眼視され、ひきこもることに価値が置かれました。働くのが尊い、外に出るのがよいといった既存の価値観に、疑問をいだきはじめた人もいるでしょう。

コロナ禍は、ひきこもりを排除する社会のあり方を見直す「チャンス」だとも言えそうです。

「世間の無知に一石を」……ひきこもり大学への期待

ここまで書いておいて、いまさら冷や水を浴びせるようですが、まだまだ世間のひきこもりへの理解は十分ではありません。

つい最近、あるメディアでひきこもり当事者の記事を書いたところ、編集者がこんなことを言ってきました。

「記事のタイトルなんですが、『ひきこもりの私が伝えたい、大人たちへのメッセージ』としてはどうでしょうか？」

「……いやいやいや、当事者も立派な大人ですから！」

世間の人がいだく「ひきこもり」のイメージは「二十年一日《いちじつ》」のごとく、子どもや若者の姿なのだと痛感させられました。

当事者の活動は、現在（2020年夏）、コロナ禍によって、人数を絞ったりオンライン開催になったりと、大きな制約を受けています。しかし当事者の多くは、在宅での活動が「デフォルト」なので、さほど動揺せず、できることを始めているように見受けられます。

ひきこもり大学をはじめとする当事者活動は、まだ緒《しょ》についたばかりです。しかし、何事も草創期は、既存の枠組みにとらわれずアイデアを出し、それを実現できる幸福な時期でもあります。ビジネス、容姿、アート、障害……これから当事者の人たちが、どんな学部を創設して、（私を含めた）何も知らない人たちを驚かせてくれるのか、ひそかにわくわくしています。

第3時限目

外こもり学部　ライフスタイル・シフト学科

自尊心が低くて生きづらかったことが、私の最大の強み

すべての経験を活かせば、人生はシフトする

ライフ・スタイリスト　河面乃浬子

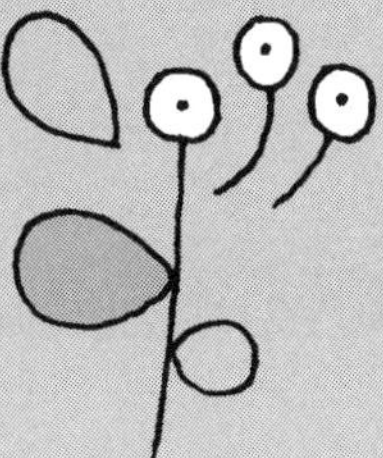

（右）スタイリングをする乃浬子さん
（左上）お父さん代表（左下）お母さん代表
スタイリングをしていくと力が抜けて表情が明るくなる

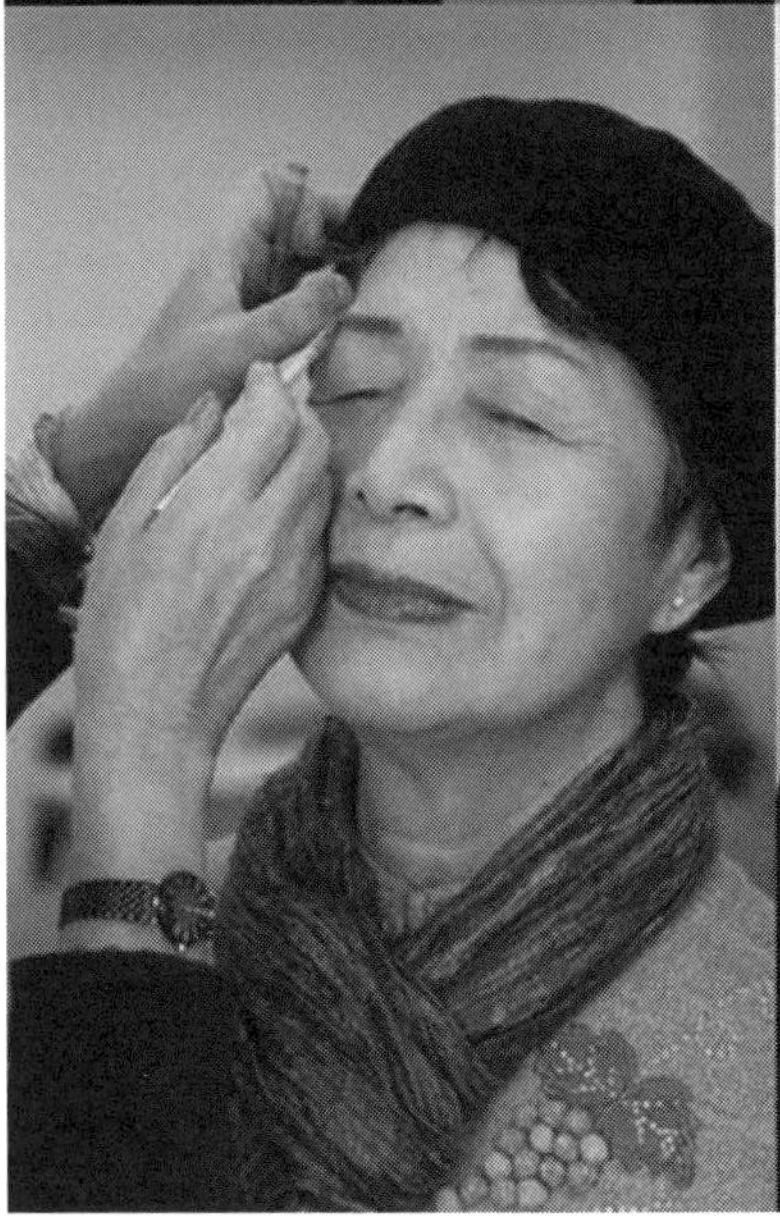

河面乃浬子（かわも・のりこ）

スタイリストとして、数多くのＣＭのスタイリングを手がけるが、日本での生きづらさを感じて、ニューヨークへの「外こもり」を決意。当地でインテリアやジュエリー関係の職業に従事するが、乳がん発症を機に帰国。イメージコンサルタントをするなかで、うつも体験。

現在はスタイリストで培った感性と心身の病の経験を活かし、人種、国籍、年齢、ジェンダーを超えて、内面と外見双方向から自己受容を喚起《かんき》し、自尊心を復活するための「ライフスタイル・シフト」を提唱。人生１００年時代の応援をつづけている。

ホームページ：https://bonne-maturite.com/

ブログ：https://ameblo.jp/bonne-maturite/

ＦＢ：https://www.facebook.com/noriko.kawamo

◆活動内容

「パーソナルライフスタイリングセッション」「第ゼロ印象フォトセッション」「人生１００年時代のライフスタイル・シフト」「ひきこもりイケメン化計画」「印象力アップ講座」「ひきこもりトータルビューティプロジェクト」「自尊心 Wake up！ひきこもりライフシフト」「お母さんを笑顔に！　お父さんをカッコよく!!　プロジェクト」「おなかの赤ちゃんと仲良しになるセッション」など。

「ライフスタイル・シフト」の提案を使命にする人

乃浬子さんはいま、「ライフ・スタイリスト」として、外見をととのえてまったく新しい人生へとシフトするきっかけづくりの「ライフスタイル・シフト」を提唱している。それは、彼女自身の経験をすべて活かしたライフワークで、彼女は「これが天職だ」という。

そして８年以上前から、ひきこもり当事者だけでなく、ご両親やご家族、そして生きづらい思いをしているすべての人々の人生を応援するプロジェクトをつぎつぎと立ち上げて、実施している。それが〈ひきこもりフューチャーセッション庵－ＩＯＲＩ－〉や「ひきこもり大学」「ＫＨＪひきこもり親の会」などで披露される「印象力アップ講座」「ひきこもり心のイケメン化計画」「自尊心 Wake up! ひきこもりライフシフト」などのイベントだ。

イベントの参加者たちは「ハードルがちょっと高い気がしたが、思い切って参加してよかった！」「新しい自分に出会えた」「人間関係がラクになった」など、口をそろえて笑顔で語る。乃浬子さんのスタイリングは、ファッションを変えて見た目をカッコよく変えるのではなく、根本の考え方や生き方、人生観までも変容させてしまうという。

乃浬子さんが、外見から内面をそして人生をシフトするためのライフスタイリストであることに気づいたのは、幼少期からの経験が大いに影響しているようだ。

温暖な瀬戸内の小都市に生まれ、両親、姉、祖父母の6人家族。一見ごく幸せな中流家庭で、何不自由なく、すくすくと育ったはずの彼女が、なぜ生きづらさの限界にまで達してしまったのか？

そこには高度経済成長時代で家庭より仕事を中心に生きる父親、厳しい舅《しゅうと》・姑《しゅうとめ》に対して終始顔色をうかがいながら自分らしさを押し殺して生きる母親、そして8歳年上の自立した超優秀な姉、という大人たちの中でいだいていた疎外感があった。周囲を大人に囲まれ、子ども心に「私だけがみそっかすだ」と思い込み、いつの間にか心を閉ざしていったという。

小学5年生のときに、父の転勤を機に東京へ引っ越し、誰も自分を知らない環境に新たに身を置くことの自由さ、深呼吸ができるうれしさを体験した。

中学生になると、自尊心の低い男子生徒たちからいじめを受けたが、それでも毎日学校に通いつづけ、誰にも一言も苦しさを相談できなかった。

高校進学の際には、母親にすすめられるままに女子美術大学の付属校を受験したものの、とくに絵が好きなわけではなかった。ただ「いじめる男子がいないから」というのが進学理由だったため、たちまち挫折を味わう。せっかく女子美という学校に入ったにもかかわらず、「自分だけ絵が下手くそだ」と感じて、絵画の時間が憂鬱でたまらなかったそうだ。

しかし、そんななかでもデザインや色の配置などに愉しさを見出し、短大はディスプレイ科に進学する。

内にこもらず、息苦しさのない外の世界に

小学校から短大まで、どこか心に闇をかかえながらも、乃浬子さんは一度も不登校になったことがない。それどころか皆勤賞に近い出席率だった。「不登校」という選

択肢を選ばなかったのは、幼少期から家には居場所がない「外こもり」だったからだ。

女子美術大学短期大学卒業後、写真スタジオ勤務を経て、大手広告会社に勤め、本格的にスタイリストというキャリアをスタートさせた。やがて、ポール・ニューマンや、ハリソン・フォードなどのスタイリングを手掛け、ホンダ、キリン、サントリー、パルコなどのクライアントから依頼を受けるフリーランスのスタイリストとして、広告業界で活躍するようになる。

しかし、活躍すればするほど、日本社会における生きづらさを感じ、そこから逃れるように、すべてを手放してニューヨークへ移り住んだ。

ニューヨークではインテリアデザインを学び、ジュエリーの仕事に従事してがんばっていたが、乳がんや子宮筋腫を患い帰国。

体調は戻ったものの、日本社会の中での生きづらさが再燃して対人恐怖症になり、うつや隠れひきこもりになる。感性が閉じてしまい、デザインやアイデアがまったく浮かばないという、デザイナーやスタイリストとして致命的な体験もしてきた。

そんな波乱に満ちた経験から生み出されたのが、彼女独自の「ライフ・スタイリング メソッド」なのだ。

　不登校にならなかったのも、自由な生き方を海外へと求めたのも、日本国内ではひきこもることができない「外こもり」だったからと、乃浬子さんは述懐する。おそらく、波乱万丈な半生で、「陰」と「陽」の経験があったからこそ、現在の彼女があるのだろう。自分の経験をまるごと活かす術を見出したからこそ、独自の「ライフスタイル・シフト」という、人生を変えるスタイリングに行き着いたのではないだろうか。

　そんな乃浬子さんが、どのように現在の「天職」に導かれ、充実したいまに至ったのか……それを話してもらうことにする。

「内」にひきこもるのではなく「外こもり」という選択肢もあると知れば、生きづらさをかかえている人たちの視野も広がっていくのではないだろうか。

【乃浬子さんの自分史】

ひきこもり関連のプロジェクトを始めたきっかけとは？

私が「ひきこもり」の人たちを応援するプロジェクトを始めたのは、もう8年ほど前になるでしょうか。「ひきこもり」に精通されているジャーナリストの池上正樹さんから「乃浬子さん、ひきこもりイケメン化計画って興味ない？」と〈庵〉という場に誘っていただいたのが、そもそものきっかけです。

そこでひきこもり大学学長の寅《とら》さんにお会いしました。それからというもの、自分でも不思議なくらい、導かれるように毎回〈庵〉に参加しては、生きづらい思いをかかえたみなさんと一緒に、いろいろなプロジェクトを立ち上げてきました。

最初に池上さんからお話をいただいた、ひきこもりの内面と外見を同時にイケメン化する「ひきこもりイケメン化計画」に始まり、生きづらさの根本を家族関係からひもとく「母と娘の関係」、ＮＨＫの教育ビデオ『ひきこもりからの回復』にも取り上げていただいた中で、面白い試みだと絶賛された「印象力アップ講座」、長年の夢だったヘアスタイリストさんとのコラボで雑誌『AERA』や『ひきポス』などにも取材していただいた「ひきこもりトータルビューティプロジェクト」、そして現在は、すべての経験を進化させて、よりフラットに人生を応援する場である「自尊心 Wake up！ひきこもりライフシフト」を開催中です。

さらにこれからは、当事者に向けてだけでなく、親御《おやご》さんや兄弟姉妹など、ご家族が生きやすくなるためのプロジェクトを続々と発信していこうと思っています。

プロジェクトの実際と当事者の変化

「ライフスタイル・シフト」は、そのとき、その場の雰囲気や、参加者さんの空気によって即興でアレンジしますが、基本的に、まずみなさんが自発的に「自分のありたい姿」をイメージすることから始めています。そしてそれを客観的に目に見えるように可視化することで、「自己受容・自己信頼（自尊心を復活して、自分に自信をもつこと）」をうながすというスタイルです。

ご一緒するのは、価値観をともにするヘアスタイリスト、メイクアップアーティスト、コーチだったり、フォトグラファーや、カウンセラーなどなど……。プロもアマチュアも関係なく、それぞれの持ち味を活かしながら、お互いのスキルとあり方を尊重しつつ、コラボレーションしていきます。それぞれの得意分野による相乗効果で、多方面から当事者の〝意識のシフト〟を加速させていくのです。

たとえば現在行っている「自尊心 Wake up！ひきこもりライフシフト」の場合は、参加されたみなさんと一緒に哲学や心理学などを語り合ったり、お互いの第一印象をシェアし、それぞれの本来ありたい姿や魅力を見きわめてから、そのイメージに即した無理のないヘアカット・メイクなどを施します。ここまででもう「変容」が始まるのですが、さらに鏡の前でスタイリングをすることで、緊張を解《ほど》いていくのです。

じつは私たちは、まったく無自覚で、日常的に緊張して生きているんですよね。そこで、あえてご自分の緊張状態を改めて自覚してもらうために、プロフィール写真の被写体になってもらうのです。

ひきこもりでなくたって、カメラの前では緊張しちゃいますから、これは、かなりハードルが高いエクササイズだと思っています。でも、だからこそ、自分が緊張していることを再発見して、そこからマインドフルネスの呼吸法や、姿勢、笑顔、肩甲骨を使った「着こなし方」を習得すると、心身がととのっていくのです。

そして内から自発的にリラックスする感覚を体感すると、知らず知らずのうちに本来の姿を受容することができるようになり、内面からとびっきりの笑顔があふれるのです。

自分自身の内からあふれ出る喜びと、思ってもみなかった外見のカッコよさの両方を「うっかり」受け取ることができるのが、このプロジェクトの最大の魅力なのです。

どうして私がそもそも「ひきこもり」なのか？

こんなかたちで、この8年以上一貫して、ひきこもり状態にある人たちや、生きづらい人生を歩んでいる方々に、客観的に俯瞰《ふかん》して、〝自分自身を受け取る〟ことの大切さを伝えてきました。

前述のように、私自身が人生の大半を、家にひきこもることすらできなかった「外こもり」として生きてきたので、ひきこもりをはじめとする生きづらさをかかえたみなさんの気持ちが、とてもよくわかるのです。そして生きづらかった経験と、長年、広告のスタイリストをしてきた経験が相まって、「内面と外見双方向からアプローチすることが、人生を客観視するために素晴らしい効果がある」と見抜いたのです。「外こもり」の定義ですが、家の中にひきこもる場所をもてず、外に居場所を求める状態のことを言っています。

私の場合は実際に海外に外こもる場を見出したのですが、たとえば、企業の中で必死に仕事にのめりこんで、とことん自分を追い詰めてしまう人たちなども、言うなれば「隠れひきこもり＝外こもり」なのではないかと思います。

そして、このようなかたちで生きづらさを感じながら、〝見えない敵〟と戦っている方たち（とくに女性のがんばり屋さん）がたくさんいらっしゃるのでは？と感じるのです。

「自己信頼」ができない自分と現実との乖離《かいり》

じつは、私は「スタイリストになりたい！」と強く思ったわけではなく、小さな写真のスタジオで、雑用係兼スタイリスト見習いを探していると聞いて、「スタイリストってなんとなくカッコいいかも？」くらいの気持ちで始めたのでした。

ところが、いつのころからか、カメラのかたわらで被写体をととのえているときが、なによりも一番幸せな時間となっていきました。そして、その感覚はいまもまったく変わっておらず、スタイリングで本来の魅力が内面からあふれ出て、写真に映し出されたときが、人生で一番幸せで至福の瞬間だと感じています。

その後、超メジャーな広告会社に入ることが奇跡的にかない、有名なハリウッドスターの広告のスタイリストをまかされたり、海外ロケに飛び回るようになりました。

ところがどうしたものか、仕事を極めれば極めるほど、「自己評価の低い、いけてない自分」と現実とのあいだに不思議な乖離が生じて、どうしようもない息苦しさを感じはじめました。いま思えば、うつ症状の初期段階だったのでしょうか。

そしてとうとう、クライアントさんたちに対して、「自由の女神《めがみ》になるべく、修業に行ってまいります！」と意味不明な決意表明をして、ニューヨークへと旅立ったのです。

自分が自由に生きていくために、相手の自由も尊重する

生き馬の目を抜くと言われるニューヨークで、仕事をしながら生活するのは簡単ではありませんでした。でもその半面、日本で感じていた呼吸ができないほどの閉塞感、疎外感、違和感などは、そこにはほとんどありませんでした。

ニューヨーカーたちの生き方で、私が一番素敵だなと思うのは、「自分が自由に生きていくために、相手の自由も尊重する」という点です。言い換えれば「他者の人生に立ち入りたくないし、自分の人生にも立ち入ってほしくない」ということ。身勝手でしたたかとも思えるほど、精神的自立を大切にしているニューヨーカーの生きざまは、私にとって限りなく清々《すがすが》しく、眩《まぶ》しいものでした。

まずはパーソンズというデザイン学校でインテリアデザインを学び、卒業後は、マディソン街のインテリアショップと、五番街のジュエリーショップで働きながら、オペラやバレエを愉しむという生活を送っていました。が、それまでの無理がたたったのでしょうか、子宮筋腫の摘出手術や、乳がんの疑いという、婦人科系の疾病を繰り

返すことになりました。

時を同じくしてビザの更新時期になったこともあり、12年間のニューヨーク生活にピリオドを打つ決心をしました。

いま思えば、「あなたにはもういい加減、日本に帰ってやることがあるでしょう！」と、神さまから強制帰国を命じられたといった感じだったのでしょうか（笑）。

恐れや不安、みずからの不甲斐《ふがい》なさの中にどっぷりはまっていた

12年ぶりの日本では、浦島太郎的な戸惑いがかなりありました。そして帰国直後に、あの9・11の同時多発テロが起こりました。そのときの心理的なショックは大きなものでしたし、追い打ちをかけるように乳がんが再発して乳房の全摘手術。さらに治療のためのホルモン療法で心身のバランスをくずしてしまったようです。

こうして、それまで封印していたはずの生きづらさが、またムクムクと頭をもたげてしまい、とうとう、うつ状態になりました。

そのころの私は、まったく感性を閉ざしてしまって、「いったい私、どうしちゃったんだろう？」と、毎日、恐れや不安、そしてなにより自分の不甲斐なさの中にどっぷりはまっていました。

でもいまになって思えば、そのときの得も言われぬ焦燥感や憂いといった、不安定きわまりない心の状態を経験したからこそ、いまでも私のバイブルになっている『嫌われる勇気』のアドラー心理学や禅の心、とりわけマインドフルネスの呼吸法や瞑想《めいそう》といった、心をととのえる術《すべ》に導かれていったのです。このころの学びは、現在のライフ・スタイリングでの、「心身を緩める着こなし術」に大いに活用させていただいています。

とくにいちばん生きづらかったころに出合ったウェイン・ダイアー博士の『ザ・シフト』というDVDは、私の視点を〝午前から午後の人生〟へと、根底から変えてくれました。

こうして、私の人生のテーマ「ライフスタイル・シフト」（自発的に人生を生きるために、視点を主観から客観へとシフトすること）を見出したのです。きっと私は、どんなときも「転んでもタダでは起きないタイプ」だから、生き抜いてこられたのかもしれませんね。

家族との関係が生きづらさに関係する

じつは、この何年も私自身と向き合ってきて、やっとやっと気づいたことなのですが、私がずっと外こもり気質で生きてきたのは、私の家族の中でのポジション、とくに母との関係性が、とても大きかったように思います。

前にも述べたように、私の家族構成は両親と父方の祖父母、８歳上の姉の６人。姉はとても知的で大人っぽい人でしたから、私以外の全員が大人で、あたかも「子ども＝みそっかす」は私だけだと、疎外感を感じる毎日でした。

私の記憶の中で母は、寝たきりの祖父にしょっちゅう怒鳴られていましたし、祖母は母に対してことのほか厳しく当たっていました。外ではとても穏やかで〝仲のいい嫁と姑〟を演じているのに、私たち家族、とくに母に対する態度は「どうしてこんなに手のひらを返すように変わってしまうんだろう？」と、不思議でなりませんでした。

母はその祖父母の厳しさに、自分を押し殺して、ただただ堪えて生きていました。

「私をおぶって、よく海に向かって泣いていたなあ」といった記憶が、鮮明に残っています。

父と母は喧嘩をしたことがありませんでした。仲が良かったというよりは、むしろお互いに心を開かず、遠慮していたのではないでしょうか。父はいま思えば、両親と妻の対立にどう対応していいか、わからなかったように思います。そんな戸惑いと高度経済成長時代の仕事の忙しさが相まって、家族と向き合うことを避けていったのではないかと思うのです。

晩年、父が「お母さんに苦労ばかりさせて本当に申しわけなかった」と、こっそり私に告げたことがありましたが、父もまた、罪悪感をかかえながら生きてきたのでしょうか。

8歳年上のすこぶる優秀な姉は、ちびっ子の私から見て完璧な大人だったので、私はあまり相手にしてもらえませんでした。しかし、8歳の女の子の気持ちをいまになって想像してみると、8年間ずっと一人っ子として可愛がられてきたのに、突然ちっちゃいのが生まれてきて、「主役の座を奪われた」といった悲しい気持ちがなかったとは言えません。そんな姉もまた、あの大変な家族の中で寂しさや虚しさをかかえていたのかもしれません。

姉はそこから勉学で自立をめざし、語学の才能を活かして、通訳や日本語の教師として活躍。一方で2人の息子を立派に育て上げました。そんな姉もまた、父母や祖父母への反発のエネルギーが後押ししてくれた人生だったように思います。

日々顔を突き合わせる家族だったわけですから、日常の暮らしの中に、笑いや笑顔だってあったはず。でも子どもの私の目から見たとき、その場の体裁を取りつくろって、いつもビクビクしながら誰かの顔色をうかがっている不機嫌で不思議なオトナたち……と、そんなふうに映ったものでした。が、いつの間にか私も同じような視点になっていったことに気づく術《すべ》もなく……。いまの言葉でいえば、典型的な「機能不全家族」の世代間連鎖だったのでしょう。

人生には1ミリの無駄もないはず

母は、極端に祖父母を恐れていました。彼らの機嫌をそこねないことにだけ気を配り、たとえば私が泣くと、なぜ悲しいのかという私の思いを受け取るよりも、「ここで泣くとみっともないから、あっちで泣いていらっしゃい」などとよく口にしていました。

また家系の継承をなによりも重んじる人なので、姉のあと、8年も待った第二子も女の子（私）だったことを、それはそれは残念に思っていたようでした。のちに母から「祖父母から子どもは絶対につくるなと命じられていたが、どうしても男の子が欲しかったから隠し通した」と聞いたときは、母にも祖父母にもとても切ない気持ちになりました。

「それならば！」と、母は自分がかなえられなかった（と思い込んでいた）美術への道を、私に託したのでしょう。高校受験の際に、母から女子美術大学付属高校に進むよう、うながされました。

私は絵を描くことにまったく興味がなかったのですが、中学時代に男子たちからいじめられていたうえに、家にいたくないので、「不登校でひきこもる」という選択肢はありませんでした。つまり一貫して「外こもり気質」である私にとって、女子高への進学は安全な外こもり場へ逃げ込むチャンスに思えたのです。しかも「女子美」という、なんともカッコいい魅惑的な響きに憧れて、付け焼き刃でデッサンのレッスンを敢行。からくも入学はできたのですが、根本的に絵が得意でも好きでも、上手でもなかった私にとって、高校生活、とくに絵画の時間は、とても苦痛でした。

けれども、のちに色彩のバランスやコラージュ（コーディネイト・スタイリング）に面白さを見出し、魅せられていくことになるのですから、人生に1ミリの無駄もなく、すべては必然だということなのですね。

きっと、自尊心が低くてプライドの高い母は「世間体《せけんてい》」という虚構の相手と、つねに戦いながら生きてきて、娘という無限の可能性を秘めた、いわばライバルに対して「心配」「不安」「弱さ」「不甲斐なさ」「自己否定」を投影しつつ、マウント（自分の優位性を誇る）を取りつづけてきたのだと思うのです。

それと裏腹に、優秀な姉や、海外で活動する私の存在は、母が世間に対してのマウントを取る格好の素材でもありました。きっと、祖父母のために自分を押し殺して生きてきたことに、とてつもない屈辱感と後悔の念をいだき、何かを成し遂げている人たちや、自発的に耀《かがや》いている人たちに対して、劣等感や嫉妬がわき起こってしまうのでしょう。うつ状態の母の視点が変わるきっかけになれないだろうかと、一緒に「認知行動療法」に取り組んだこともありましたが、「家族同士は大変」だし、「とくに母と娘は特別な関係だから、いっそう受け取り難い」と言われるように、なかなかうまくいきませんでした。

「子どもは母親の笑顔のために生まれてくる」といいますから、そのころの私の中には、どこか力《ちから》ワザを使ってでも母を笑顔にしたいという執着があったのだと思います。でも最近は、母が幸せかどうかの執着を手放すことができてきて「これも母が選んだ生き方なんだなあ」「私が経験させてもらった貴重な体験を、母とではないけれど世界じゅうの生きづらい人たちと共有できるのは、母のおかげなんだなあ。母は私の人生の最高の助演女優賞だわー」と思うようになりました。

母も、私との共依存を手放して、ほんの少しずつですが穏やかになってきているように感じます。

「自己受容」「自己信頼」「自己開示」「自己表現」を大切に生きる

私は私で、母や祖父母から受けついだ「カルマ（業《ごう》）」とも呼ぶべきＡＤＨＤ（注意欠如・多動性障害）やアダルト・チルドレン（親の虐待や家族の不仲、感情抑圧などがある機能不全家庭で育った人）、発達障害の傾向があることで、知らないうちに自己否定にさいなまれ、自尊心の低いことをひた隠しに隠しながら、「いい人仮面をつけた不機嫌な人」として生きてきました。前述のように、中学時代にいじめられたのは「自尊心が低く攻撃的」な男子生徒たちに対して、私自身も「自尊心が低い悲観的」なタイプの人間だったので、共鳴し合って起きたことだと思っています。

こうして私は自分の実体験から、「イジメのカラクリ」を見抜くことができました。

余談ですが、これはパワハラやモラハラなど、大人の人間関係でもまったく同じ仕組みだと言えるでしょう。「攻撃型」の心に秘めた悲しみからわき起こる怒りや嫉妬が、イジメというかたちになってターゲットへと向かいます。その矛先《ほこさき》が、自己を受け取れない虚無感から自暴自棄になっている「悲観型」の、すねてササクレ立っている心に、イジメという〝粗塩《あらじお》〟を塗られる感覚なのではないでしょうか。

「イジメるほうが悪い！」と目くじらを立てて犯人捜しをしたり、むやみに裁く前に、彼らの悲痛な心の叫びに気づいてほしいのです。なによりも大切なのは、双方の悲しみを受け取って、自尊心を癒《いや》し、尊厳を復活していくことだと思っています。

さて、幼少期より自尊心が低いことを卑下《ひげ》して生きてきた私でしたが、あるときふっと、「もしかすると人間は鏡というのだから、自分を否定しつづけると、もれなく他者のことも否定してしまうのではないか？　だとしたら知らず知らずのうちに他者をディスっている悲観的な自分の生き方はもう金輪際こりごり!!」という思いがわき上がってきました。

そして、①自分自身を許すこと、②人生を受け取ること、③あらがわず摂理にゆだねること、④経験を活かし切ること、この四つをコミットメントしたころから、少しずつ心身が緩やかにラクになって、人生がシフトを始めたのです。

誰しもが、命（尊厳）の大切さを許し受け入れる「自己受容」が始まれば、流れにまかせてそれぞれを信じ合う「自己信頼」が起こり、心をひらいてご機嫌に生きるべく「自己開示」へとつながり、あらゆる人・物・事を愛《め》でながら日常を心ゆくまで謳歌する「自己表現」に導かれる。こんなふうに自他ともに人生を達観できたときに、過干渉し合う「共依存」という負のループから、するりと抜け出ることができるのではないでしょうか？

誰しもが「これでいいのだ！」と、人生を受け取ることができて、いまの自分を肯定できる視点に移行することが「ライフスタイル・シフト」の真髄《しんずい》なのです。

その意味で、「ひきこもり」や「外こもり」という私の実体験が、私自身のこれからの人生にも、そして生きづらい思いをかかえている方たちにとっても、大いに活かされるはず……そう気づいたとき、経験は1ミリも無駄になることなく、すべてが宝物だと思えてきたのです。

これは「菩薩行《ぼさつぎょう》」にもつながることです。「布施《ふせ》」＝スタイリング、「愛語《あいご》」＝言語・非言語のコミュニケーション、「利行《りぎょう》」＝人生を受け取るための活動「同事《どうじ》」＝国境も人種もジェンダーもないフラットな関係……この四つの軸をなによりも大切にして生きていきたいと思っています。

絵が苦手なのに女子美術大学で学んだことも、ファッション（流行やブランド）にほとんど興味がないのに、いつのまにかスタイリストという天職に導かれていったことも、〝世間への反発〟というジェットエンジンを搭載《とうさい》させてもらったがゆえにできたことです。そして、海外に「外こもった」おかげで世界のライフスタイルや生き方に触れることができました。あるいは、日本という崇高な精神と感性をもった特異なこの国を、海外に住むことで客観的に見ることもできました。はたまた、ニューヨークでは子宮筋腫を、帰国後は乳がんの摘出手術やうつを経験して感受性を閉ざしたからこそ、アドラーの心理学や禅の心、マインドフルネスに出合うことができました。それをいまに活かすことができるのも「世間体」をなによりも重んじる家族、とくに母との縁があったからこその唯一無二の賜物《たまもの》だったと、いまは心から思っています。

これらがすべて、「一つとして欠けることのできない貴重な体験の連続だった」と受け取ることができたとき、「私」というジグソーパズルのピースが、この宇宙という一つの美しい絵画の中に気持ちよくパチッとはまったように感じます。その結果、いま、幸せな調和を奏でていることが、なによりもうれしいのです。

「視点を変える」がひきこもり大学の設立趣旨

人生の映写機に、いままで経験してきたストーリーを映し出せば、その映画をみずから鑑賞することができます。すると「ひきこもってよかった」「外こもってよかった」「この母で、この家族でよかった」「病気になってよかった」と、なるのです。

じつはこの考え方こそが、ひきこもり大学の設立趣旨とも合致していて、学長の寅さんと意気投合し、「ひきこもり大学の副学長になってほしい」というお誘いをいただきました。正直言って、子どもをもつことを経験しなかった私が、みなさんと心からわかり合えるのだろうか？　という懸念をかかえていて、寅さんに本音を語りかけました。

「ベテランの産婦人科医で、体内記憶を世界的な第一人者として提唱していらっしゃる池川明先生の本の中に、『親は子どもを選べないけれど、子どもは自分の課題をまっとうするために親を選んで生まれてくる』と書いてあるでしょう。そう考えれば、私にもみなさんと心を通わせることができるかしら？」

するとと寅さんは、こう答えてくれたのです。

「乃浬子さんは自分で選べない子どもをもたなかったのだから、逆転の発想で、ひきこもり界隈で出会うたくさんの子どもたちの中から、感性に合う子たちを自由に選んで応援すればいいじゃない」

このメッセージに、私の心は大きく揺さぶられました。

「そっか、私だけが体験してきた、スタイリストの経験と、心を病んで外こもった海外生活の経験すべてを融合すればいいんだ。世界じゅうの人たちが違う視点を受け入れて、それぞれの無限の可能性を見出していくための〝きっかけ屋〟になれるのだったら、生きづらい人たちの応援に私の人生を活かし切ろう！」と、決意できました。

そこから見えてきた、みなさんとの共有の場でシェアしていきたいビジョンは、

「親はどんな子を授かろうと、子どもを育てることで自分自身が成長させてもらっているることを謙虚に自覚すること」

「子はどんな親であれ、みずから選んだ人生の先輩の生きざまを背中から見させてもらっていることに感謝して、自発的に成長することで恩を返していくこと」

「それぞれの尊厳を尊重し合い、フラットな関係で共に人生を謳歌《おうか》すること」

「お互いの人生を応援し合い、大人度《おとな》を上げながら命のバトンをつないでいくこと」

なのです。こういった観点を採用すれば、マウントの取り合いも共依存も、次第に薄らいでいくのではないでしょうか。ひきこもり大学では、自然の摂理《せつり》を大切にしながら、それぞれの人生を応援していきたいと思っています。

外見を取りつくろうのでなく、客観的に〝自分〟を受け取る場

私が始めた「きわめてユニークなひきこもり応援活動」は、おかげさまでＮＨＫの教育ビデオ『ひきこもりからの回復』をはじめ、いろいろなメディアに取り上げていただいて、少しずつ全国へと広がっています。

ただ、最近、取材依頼をいただいてびっくりすることがあります。さんざん打ち合わせをしたあとで、「要するに家にひきこもって膝をかかえている人が、ひきこもりライフシフトに参加して、劇的に変身したビフォアとアフターの絵が撮りたいんですよね」ということをおっしゃる方が、残念ながら、まだまだいらっしゃるのです。

そんなときお話しするのは、「家にこもった状態から、外に出て日常生活を送れるまでにどれだけ心の準備が必要か、ご存じですか？」と。

ひきこもっている状態は十人十色で、それぞれの人生が成長する大切な学びのプロセスなのです。たとえば英語のレッスンをイメージしてみてください。ＡＢＣの読み方や書き方すら知らないビギナーの人と、ネイティブと日常会話ができるくらいにまでなりたいレベルの人へのレッスンは、おのずと違うはずです。

私の伝えているライフスタイリングもまったく同じで、家に閉じこもって一歩も外に出たくない「ひきこもり状態の人たち」を無理やり引きずり出したり、まだ心もととのっていないのに、とりあえず体裁がよく見えるスーツを選んで、かたちばかりの就労（ゴール）につなげるためのスキルやハウツーを伝授したいのではありません。外見を変えて取りつくろうことではなく、自発的に自分自身を内面から喜び、客観的に自分の存在を受け取る場なのです。

そこが安心安全な場だったら、ちょっとだけ自分の背中を押して、参加してみようと決めるでしょう。そこに何かのチャンスやきっかけのご縁があるかもしれないと感性のセンサーで感じ取った人たち、英語学習で言えば中級から上級へと、ドキドキしながらステップアップする感覚で、自分の人生を前向きに受け取りたいと思う人たちが集まる場なのです。

そして、いまは家から一歩も出られない方たちも、先輩たちの変化を見て、感じて、きっとあとにつづいてくれることを、心から信じています。

実際、現代社会は「問題」だらけだと言われています。不登校問題、ひきこもり問題、母と娘の問題、ひきこもり当事者と親の高年齢化にともなう「８０５０問題」……問題は次から次へと浮上します。出来事は問題視すると解決が必要になって、よりシビアな問題となって、多発していきます。まるで、もぐらたたきをしているようです。

するとそれに対する就労支援、心理的支援、経済支援……と、支援活動がつぎつぎと必要になってきますよね。みなが問題解決のための正解を求めるので、「問題」の対象とされた人に対する支援という、助ける人と助けられる人の、縦の上下関係になっていくように思うのです。もちろんいまの社会で、支援をなさっている方の、すばらしい活動をふまえてのうえですが。

でも、だからこそ私くらいは「応援」という、とことんフラットな関係をつづけていたいのです。英語でいえばHelpやSupportという「支援」ではなく、EncourageやCheer upといった「応援」、もしくはアドラーの心理学で言うところの「勇気づけ」という感じでしょうか。それは、私自身が「生きづらかった経験は私の最大の強み」という気持ちにたどり着いたからにほかなりません。

「ひきこもりは解決しなければいけない深刻な問題ではなく、ひきこもった経験は真剣に自他の人生と向き合い、変容させるもの。他者の痛みや苦しみに寄り添える器に成長するためのかけがえのないプロセス」としてとらえ、こんなにスリリングなジェットコースター人生を体験させてもらってきたのだから、問題解決の答え探しに右往左往するよりも、その体験を精いっぱい活かすことで、これからの人生をとことん愉しもうという思いを込めて活動しています。

ひきこもりクンたちを一生懸命応援していると思ったら、私のほうがうっかり応援してもらっている……こんな素敵な相互依存関係でありつづけられたらと願ってやみません。自分の滑ったり転んだりして生きてきた経験を、面白がって丸ごと活かしている、風変わりなひきこもり応援団が一人くらいいてもいいのではないでしょうか(笑)。

幸せの基盤は「自尊心」

私のバイブルでもある岸見一郎先生の『嫌われる勇気――自己啓発の源流「アドラー」の教え』(古賀史健共著、ダイヤモンド社、2013年)には、心理学者アドラーが伝えているライフスタイルの定義は、「(衣食住という物理的なモノではなく、それを選び取る)人間の価値観であり、生き方」だと書かれています。この言葉に、ファッション(流行やトレンド)が苦手で劣等感をもって生きてきた私は、大いに勇気づけられたことを覚えています。

そして現在はライフスタイリスト（人生の応援者）として、瞑想《めいそう》の呼吸法やマインドフルネス、姿勢や歩き方、それに加えて、着こなし方などのスタイリングを駆使し、トータルに人生を変容させていく「ライフスタイル・シフト」を老若男女に提唱しています。

実際にこの７〜８年間、一貫して当事者たちの応援をしてきて気づいたのは、ひきこもりは決して当事者たちだけの問題ではないということでした。

私と家族との関係が私の人生の根底になっていたように、それぞれのご家族のあり方をひもといていくと、「ひきこもり」は家族全体の人生のテーマなんだと見抜くことができるのです。ご家族全体の課題だったという気づきが、第４時限目に登場する「ＫＨＪひきこもり家族会」の上田理香さんの思いと見事にシンクロしていて、お母さま、お父さまや兄弟姉妹たちが、それぞれの人生を受け取っていくことで、社会を変えていくことへとつながると思っています。

すでにＫＨＪのシンポジウムなどで、何度かご家族のスタイリングをさせていただいているのですが、あるお父さまが「自分が無意識に肩に力を入れて生きてきたことに初めて気づいた。それを息子にも求めていたんですね！」と、素晴らしい気づきをシェアしてくださいました。そしてあるお母さまは、「そういえば私、ずっと子どもを見張っていたのかも⁉」と、思いもよらない気づきのきっかけになったと、感想をいただいています。

また、何年か前に美人さんのお母さまとお嬢さまが一緒に参加されたイベントがあったのですが、その数年後にお嬢さまにお会いしたら、見違えるように本来の美しさがあふれ出て、明るく快活になられていたケースもありました。こういった試みは、「母と娘の関係」に一石を投じられそうな予感がしています。

ひきこもり当事者たちは、どうしても自分を受け入れられない不信感にもがき苦しんでいます。またご家族も、お子さんがひきこもった状態を自分の人生の課題として受け取ることができず、大変な悲哀とストレスを感じていらっしゃることでしょう。

私自身、自尊心が低過ぎて、生きづらいままスタイリストをしてきたからこそ、「幸せの根底に存在するのは自尊心」だという、とてもシンプルなことが、なかなか受け入れ難いものだとわかりました。今後は、「幸せであるために、まず自尊心を復活しよう」という一貫したテーマでスタイリングをつづけていくなかで、当事者たちからご家族へと、どんどん対象が広がって、すべての生きづらい人たちを応援することへと拡大していきたいのです。

そこで、ひきこもったお子さんたちのためにも、不登校のお子さんたちのためにも、まずはお母さまたちご自身が、自分の魅力を存分に受け入れて、笑顔で活き活きと人生を愉しんでほしい……そんな祈りを込めて「世界のお母さまたちが、とびきりの笑顔になるプロジェクト」を立ち上げます。これはいまだに自分の人生を受け入れることを拒否している私の母という、偉大な人生の先輩に捧げたいと思っています。

一方、高度成長期にバリバリと活躍なさって日本という国をここまでたくましくつくり上げ、半生を捧げた「会社」という組織から卒業されたお父さまたちに、生涯現役を貫いて、人生を謳歌していただきたいという思いを込めて、「人生１００年時代に生きる定年後のヒーローたちが、セクシーでカッコよく生きるプロジェクト」も実行します。これは母への申しわけなさをかかえながら、労《ねぎら》いの言葉すらうまくかけることができなかった不器用な父に教えてもらったことが、ベースになっているのです。

いつも不機嫌だった私の祖父母だって、きっと自尊心の低さゆえに、自分たちの人生を受け取ることができず、愉しく生きられなかったということなのでしょう。

もちろん私自身も、家族から受けついだ不器用ですねた心模様のうえに、なんとか体裁を取りつくろうための「いいひと仮面」を無自覚、無意識に装着して生きてきたのです。この家族をチョイスしたからこそ学び気づけたことを、これからみなさんとどんどんシェアしていきたいと、本当にわくわく、愉しみにしています。

さて、生まれて初めて告白した私の人生の懺悔《ざんげ》に、お付き合いくださって、本当にありがとうございました。もしもあなたが、「わぁ〜〜〜そっかぁ〜〜、ウンウン、そういうことだったのか〜っ！」といった共感を少しでももっていただけたとしたら、望外の幸せです。そして日本じゅうが、世界じゅうが、ハッピーな笑顔であふれていく、そのきっかけになれたらと、今後も活動をつづけていくつもりです。

日本じゅうの美容師さんや、コーチのみなさま、フォトグラファーさんなどなど、私の活動に賛同してくださる方、生きづらい方たちを応援したい方、そしてご自身のひきこもったり、生きづらかったりした経験を、これから思いっきり活かしたいと感じている経験者の方たち……みなさま、どうか私をお使いくださいませ。一緒に世界じゅうの生きづらい人たちの人生を、応援できることを心から愉しみにしています。

さあ、あなたもライフスタイルをシフトして生きましょう！　ぜひご一緒に!!

第4時限目

KHJ家族関係学部　母親の気づき学科

KHJ家族会・母親たちの本音座談会

子の思いを受け取り、学びながら、
親も自分の生き方を見つめ直した

〈出席者〉

Yさん
Kさん
Oさん
Sさん
Gさん

20代から30代の
ひきこもる子どもを
もつ母親

〈聞き手〉

上田理香：KHJ本部 事務局長、家族相談士
寅：ひきこもり大学 学長
乃浬子：スタイリスト、ひきこもり大学 副学長

ＫＨＪ全国ひきこもり家族会連合会は、日本で唯一の全国組織の家族会（当事者団体）として、1999年に設立された。ＫＨＪとは「家族・ひきこもり・ＪＡＰＡＮ」の頭文字を取ったもの。ひきこもりをかかえた家族・本人が社会的に孤立しないよう連携し、行政などにはたらきかけながら、誰もが希望をもてる社会の実現をめざしている。

全国各地の家族会では、毎月1回、家族同士が集まり、かかえこみがちな悩みや思いを出し合い、子どもへの接し方を見つめ、ひきこもりに対する理解を深めている。「自分だけじゃなかったんだ」と知るだけでも孤立感が和らぎ、気持ちをラクにすることができる。

家族会を通じ、長年にわたって、仲間とともに自分を見つめ、家族と向き合ってきた母親たちに、みずからの思い、考えの変遷を、思う存分語り合ってもらった。

トラブルから学んだ「まず知ることから始める」ということ

上田：今日は、みなさんのお子さんがひきこもる中で、親としてご自身が何を感じ、考え、どのように気持ちのもち方や関わり方が変わっていったかということを、ざっくばらんにお話しいただければと思います。まず自己紹介を兼ねて、お子さんの状況から教えていただけますか？

Y：我が家は3人兄弟の次男が21歳のころから社会的ひきこもりになって、いま38歳です。三世代同居だったのですが、私にとっての舅《しゅうと》や姑《しゅうとめ》が亡くなったりして家族が変化するなかで、本人もすごくもがいていたと思うんですね。でも、私も私なりにもがいて、いい本があると聞けば読み、セミナーがあると聞けば行って勉強してきました。結局、いまとなっては逆に開き直りというか、もうこれは本人の意思でひきこもって、たぶん出ようと思うのも本人の意思かなって、最近はすごく思っているので、いまはもう、まかせるしかないかな、という感じです。

K：うちは38歳と34歳の2人の息子がひきこもっておりまして、定年退職して4年になる夫と4人で暮らしています。家庭では緊迫した空気の中で生活していて、私自身が孤立しないように、さまざまな親の会に参加したりしていました。私自身はこういう仲間がいるということが心の支えになっていて、長くこういう問題と関わっていると、それぞれの家庭みんな違うので、答えは自分で出していかなければいけないと、心底、痛感しているところです。

O：末っ子で長男である、35歳の息子がひきこもっています。以前、息子とのあいだでちょっとトラブルがあり、その解決を探していたところ、ネットで検索してKHJとつながることができました。

参加するなかで気がついたことは、私の子どもへの対応の仕方、声のかけ方がどんなに大事かということです。息子が訴えていることがちゃんと聞けなくって、聞いても、それをまた自分でどう返していいかがわからなかった。たぶん、そこで返す言葉の表現の仕方が適当でなく、息子を責めるような言い方をしていたんだと思うのですね。私の中の親としての価値観でのみ返答していたわけです。そこでさらに、息子がどんなメッセージを発していたかにも気づくことができなかった。

そうこうしているうちに、親としての自信がなくなってきました。そしてトラブルは繰り返したくないという思いから、子どもにとってどうかを考えるより、トラブルを避けるような対応になってしまった。親が自信をなくしたことも、息子にとってはまた、すごくイヤなことだったのでしょう。子どもが反発することに対して、全部聞いて、どうにかしなければと思うけれど、何もできなかった私がいました。

だから、ＫＨＪなどの親の会に参加して、いろいろと知ることによって、その不安というのが一つひとつ肩の荷が下りるようになくなっていきました。知らないときにもっていた感情と、知ってからもった感情では、不安のもち方が違うんです。だから、知ることがとても大事だと思うんですね。

Ｓ：　32歳になる私の次男は、高校1年生のときに不登校になって学校を替わったりもしたのですが、やっぱりつづけられなくて退学し、20歳くらいから10年以上ひきこもっています。でも私自身は、いま息子がひきこもって一緒に暮らしていることを、心の底では困っていないんです。一緒にご飯をつくったり、テレビの話や本の話や映画の話ができたりしますからね。ずっとこのままでもいいなって、自分のことだけを考えたら、そう思ってしまうんですね。

ただ、私のほうが先に死ぬわけだし、夫と息子の関係はよくないので、このままでいいわけはない。だからといって、どうなればいいかも決められないし、私にはわからない。

でも私は、自分の人生は、この次男のひきこもりがきっかけで、豊かになったとも思っています。息子のことがあって、自分が広がらないとやっていけなかった。その結果、こんなふうに、一緒に考える仲間もできました。期せずして友達も増えて、多様な価値観を受け止める許容範囲も広がりました。息子のひきこもりは、私にとって悪いことじゃない、なんて思ったりしています。

O：　私も子どもは3人いまして、長女と長男と次女です。27歳の次女がひきこもりになったので、ＫＨＪに来るようになりました。

家族会に参加したのは、娘から「このままひきこもっていると、私が何をするかわからないからどっか行って勉強してきて」と言われたのがきっかけです（笑）。

最初のころは、私と同じように、「子どもは怠けているのではないか」「ズルしているのではないか」と考えている親御《おやご》さんがたくさんいるなという印象でした。でもいろいろ勉強していくうちに、そうじゃないんだと、だんだんわかってきました。そして、私自身が親からどういうふうに育てられてきたかを考えるようになっていきました。私自身も母親に対してイヤな感情をいだいていたということも、わかるようになっていったんです。

私自身は母が嫌いでした。でも勉強をしていくなかで、母を認められるようになりました。いまは認知症になってしまった母を介護していますが、それが苦にならないんですね。やはり、いろいろ勉強することで、自分と母のことを振り返ることができたからです。それは自分自身にとっても、とてもよかったと思っています。

私の家は、夫が商売をしているので、次女はそこの事務職として働いています。娘は対人障害なので、人と接触するのが苦手なのですが、幸い、事務職であるため、人と接触することがあまりない。だからつづけていられます。仕事を始めるようになって、お金をもらえることが、とてもうれしいようです。モノを買うことに目覚めて、一緒に買い物に行くと、「お母さん、私が出すから」なんて言ってくれるようにもなりました。

子の思いを受け取るために学べば、親自身もラクになる

乃浬子：　子どもがひきこもりだした最初の段階では、子どもの思いや考えが、親にはなかなか理解できないのも無理はありません。でもいまでは、みなさん、お子さんたちの思いや希望を受け入れられるようになってきているんですね。

O：　子どもも本人がどうしたいのか、それをそのまま受け入れるということは、とても難しいことだと思います。私自身は、自分の価値観でしか子どもを見ることができなかった。自分の色眼鏡で見ていることに気づけなかったんですね……。

S：　私も「ああ、そうか」って受け取ったつもりで返すと、まったく的が外れていたりして、怒られたりすることがありました。言葉を返してくれたときは、そのままを受け取ろうとしているつもりなんですけれど。

上田：「そうじゃないんだ」とバッテンをつけて投げ返してくれることもあれば、無反応の場合もありますし。反応がない本人の状態を想像しながら「受け取る」こともありますよね。

K：　私はあのころ、「私自身が見てきた世界が、とても狭かったんだなあ」と、よく考えます。長男・次男が不登校、ひきこもりになったときは、やはり簡単に受け入れられない状態でした。

長男は高校1年のとき、五月雨《さみだれ》式に年間10日間ぐらい休みました。高校2年の5月ごろには、そばで見ていてもつらそうだったので、「行かなくてもいいよ」と言ったら、パッタリ行かなくなった。ほどなくして次男も、中1の夏休み明けから行かなくなりました。

長男が高校へ行かなくなったときは、長男にしか気持ちが向かわず、「次男は中学校に行っていればまあいいか」という感じで、ろくに気にかけてあげられなかった。いま思えば、長男と次男を同時に受け止めるなんて、そのころの私にはとても無理でした。

2人とも、小さいころは特に仲が悪いということはなかったのですが、いまはお互いを快く思っていないようで、顔も合わせない生活です。次男からすると、「自分がこういう状況に置かれているのは、兄が不登校からひきこもりになって、家の空気が悪くなったからだ」と、長男のせいにしています。そこで、なるべく兄弟の争いにならないように、私があいだに入って調整している生活が、ずっとつづいていました。

2人とも、ひきこもりはじめて20年ほどになるのですが、その間、私自身の枠を広げるために、自分を見つめることから始めて、多少、勉強してきたつもりです。そして、いまの息子たちの状態や、どうしてこういうふうになったのかを考えたとき、私自身の生き方や育ち方に照らし合わせて、「なるべくしてなったのかな」と、いま思っているところです。厳しい父親に育てられて、いい子でずっと生きてきた私自身の〝何が問題か〟〝何が足りないか〟に気づくことができて、私自身、とても生きやすくなりました。子どもの現状を見つめることが、自分自身の考え方や受け止め方を見直す機会になったわけですね。

私自身が人生を楽しむことは必要だし、楽しんでもいいと思うようになりました。

そういうことがみなさんにちょっとでも伝わって、親御さんがラクな気持ちになれるといいなと思いますね。

「この子をなんとかしなければ」から抜け出すとき

上田：自分自身の本音を家族に言えずに、自分を押し殺して生きてしまっていたところから、精神的なひきこもりが始まっていると思うんですね。それは本人だけでなく、親にも通じる。親自身も家族の前では本音を殺して生きていたりする。Yさんは、良き母、良き嫁というところから、息子さんを見てきたのですよね。

Y：うちは、長男は小さいときから我が道を行く性格、いちばん下の娘は甘えじょうずで、うまく世の中をわたれるタイプ。次男は本当によくいろんなことをじっくり見ているタイプです。

その次男は、自分で仕事を決めてしばらく通っていましたが、あるときから社会になじめず、仕事をやめてひきこもるようになったんです。つらかったみたいです。自分の価値観というか、こだわりが強い性格なんですね。

その次男からあるとき、「うちはおじいちゃん、おばあちゃん、お父さんとお母さんのそれぞれの価値観が全員違っていて、俺はどこに向かっていったらいいのかわからない」と言われたことを、いまでも覚えています。

おじいちゃん、おばあちゃんは、戦争の時代を生き抜いてきて、「女が意見を言うなんて生意気だ」という価値観で生きてきています。私は表面的にはほかの家族に合わせながら、本音は違うところにあります。でも、家庭内に波風を立てないようにと、本音と建て前を使い分けてきたという思いが、自分の中にあったんですね。しかし、それに耐えきれなくなると、つい本音がポロっと出てしまう。そんなかたちで、私が自分を押し殺しながら生きているのが、次男にはつらかったんでしょう。

さまざまなところに次男のことを相談に行くと、「母親の愛情が足りない」と口をそろえて非難されました。でも私は、「そんな環境にいさせた夫が悪い」と思っているわけですよ（笑）。

上田：ご主人自身は、どう思っておられるんですか？

Y：以前は「俺は関係ない」という感じで、まったく他人事でした。「俺は生活費を稼いで全部おまえに渡している」と、事あるごとに言う。男は働いて稼ぐ、女は黙って家事をすればいいという価値観の中で育った世代ですね。そういう家族の〝闇の部分〟に影響されたのが次男だったんだろうなと、いまとなっては思います。

「私がもっと早く気づいていれば」なんて思うときもあるのですが、これも神様が私に「勉強しろ」と言っているのだと思ったりしています。

息子から、「お母さん、もうこの家を出たら……」と言われたのが12、3年前のこと。そのときから10年間、出られずにいましたが、やっと去年、家を出ることができました。結局、夫に私の気持ちをわかってもらえなかった。それがいちばんつらいですね。少しでも、日常生活や介護の場面でねぎらいの言葉があれば、たぶん私は違っていたかもしれないのですが……。

いつになったら子どものことを「これでいいんじゃない」と思えるかというと、「私がこの子をなんとかしてあげなければ」と思わなくなったときではないでしょうか。確かに、「この子が幸せに笑っている顔が見たい」と思っていた時期があり、それは私自身が「なんとかしなければ」と思っていたわけです。でも、「もしかしたら、本人はひきこもっているほうが自由で幸せなのかもしれない」と思ったときに、無理やりどこかに連れ出そうとするのはやめようと思いました。親が〝なんとか〟しようとしなくてもいいのだと思います。

ひきこもる決断は本人がしたのだろうし、いろんな状況があってひきこもらざるを得なかったのかもしれない。だから、外へ出るときも、本人が決断しないことには、どんなものも受け取らないと思うんです。「そろそろこんな生活やめて、自分がなんとかしたいなあ」と思ったときに、初めて本やインターネット、支援団体からの情報が入るのだと思います。だからいまは必要としてないのかなあと思っているので、私は私で自由に自分のやりたいように生きています。

以前は「何もしない」ことができなかったんですが、ここ1、2年は何もせずに、ボーっと外を眺めたりできるようになりました。それがいちばんの私の変化かなって思います。

本当に助けてほしいときに、知らん顔していた……

上田：「受け取る」という面で考えると、最初は、子どもが親自身のつらさも不安も受け取ってしまう。いちばん敏感な子が気づいてしまうのですよね。そうして受け取ってきたものが、回復とともに溶け出すと、「吐き出し」というかたちで、お母さんに返していく。受け取ってきたものを子が出しはじめたとき、親も責められるようで苦しみますが、なぜ出せるようになってきたかというのが大事だと思うんですね。「そんなだったら、離婚して家を出たらいいじゃないか」と言ったり、「いままでこんな思いだったよ」と言えたり……。「NO」や、無視する態度も同じですね。でも、本人たちがそうした思いや態度を出せるようになったのは、親自身が、子の思いを受け止められる親になってきたからだと思うんですね。

Y： 家の中にいるのがしんどいから、仕事に行っているときがいちばん幸せでした。どんなに仕事がハードでもね。でも、そうやって私は逃げていたのかもしれません。

上田： Gさんの娘さんは、最初のころは一生懸命、お父さんに気をつかっていたんですよね？

G： でも最近うちは、子どもたち3人とも、父親を無視している（笑）。もう言っても無駄だとあきらめてしまったようです。しかし、私がKHJで仲間といろんな話をして元気になってきたら、娘も回復していきました。そのころから夫は娘と話したいと思ったと思うんです。でも、娘のほうは、「何をいまさら」という感じになっていました。「私が本当に助けてほしいとき、あなたは知らん顔していた」と、娘は思っています。

Y：そこですよね。子どもたちはそれぞれピンチのときがあった。いじめにあったり、友達関係で悩んだり……。そういうときに夫は特にコメントなどしなかった。だから、お父さんは頼りにならないという感じを、息子はもったんだと思います。私と夫は、子どもに対する気持ちの温度差があり、話がかみ合わない。

G：私は夫に、「子どものひきもりのこととか、発達障害のことを勉強したら？」と言って本を渡したりしたんですよ。うちの主人も息子も発達障害で、文章を読むのがすごく苦手。だから、病院に行けばいいと思うのですが、「俺、自分が壊れるのはイヤだから行かない」と拒否する。自分を発達障害だと思っていないんです。

Y：うちも、本をすすめても読まない。「俺が読んだところで、あいつのひきこもりが治るわけじゃない」と言います。男性は意外と気が小さい人が多いのかもしれませんね。

受け止められる親に、子は思いを吐き出す

上田：先ほどOさんから、「親としての自信がなくなっていく」という言葉がありました。親が大変な思いをして子どもを育ててきて、その結果、ひきこもりになったとき、いろんな意味で引け目を感じて自信を失ってしまう。それが「子の思いを受け取れない状態」だったと思います。でも、だんだんと親自身が元気になって、自分を取り戻していくと、子の思いをキャッチできるようになる。そんなことが、じつはすごく大きな一歩だと、私は思うんです。

O：うちの娘が、ちょっと心を病んでいた時期があるんです。そのころは私も、どう対処していいかわからないし、親としての意見を言うようなスタンスでしか対応してなかった。彼女の本当のつらさを聞き入れて受け取るという方法は、その時分の私にはなかったんです。

でも、つらそうなことは感じてましたから、「わかってあげることができなくて、ごめんね」とは言っていたんです。でも、「お母さん、それは謝ったことにならない

よ」と言われてしまった。それは謝罪でもなんでもない。口先だけの方便だったんですね。でもその後、発達障害などのことについて勉強して、彼女の本当のつらさがわかったとき、再び「ごめんね」と言いました。彼女は受け取ったみたいです。それからは「お母さんは謝ってない」とは口にしなくなりました。心の底から娘に謝れたのです。だからそれが彼女に伝わったのだと思います。

いまでは娘と言い合いができるまでになりました。娘が、私の言おうとしていることを途中で止めて発言しようとしたので、「お母さんにも言いたいことがあるから、最後まで言わせてくれる？」と言ったんですね。そうしたら娘はちゃんと聞いてくれて……。以前はそれができなかった。ちょっと違うステージに移ってきたのかなと、思っています。

私は、娘が思春期のときに主人を亡くし、子どもがもっとも多感な時期に、私一人でかかえこんできました。長女がいるのですが、彼女はもう20歳になろうとしていたので、そのへんのコントロールはできていたのですが、次女はまだそれができず、バランスをくずしたんです。子ども3人の面倒を見ながら、やらなければならないことが山ほどあったので、とても次女の話をゆっくり聞いてあげられない。「親がこんなに忙しいのに、なんでわかってくれないの?」という気持ちがあったせいもあります。

それでも次女は、「お母さんは、それまでいつも話を聞いてくれたから、絶対あのころのお母さんに戻ってくるって思っていた」と言うんです。娘には可哀そうな時期を過ごさせたなと思いますが、でもいまは、こういう普通の会話が、こちらも気負うことなくできるようになったんです。

次女は気持ちを病んでしまった子なので、やはり親とつながっていたいという気持ちが強く、毎日必ず電話がかかってきます。1時間ほど喋ります。あまり時間を取られると困るので、「トイレに行きたいから」とか、「ちょっとやることがあるから切るね」と言うと、素直に納得してくれます。

なぜ別居しているかといえば、「あなたがちゃんとやっていけるかを見届けたいから、別々に暮らそう」と、私から提案して、その1年後に独立して生活させるようにしたのです。当初は恨みごとを言われましたが、「このままでは共依存の関係が強くなって、お互いに不幸になるから」と突っぱねました。次女は親と一緒にいると、自分に注目してもらいたいので、体調管理の努力をしないのです。

そのかわり、月に1回、2泊3日で泊まりに来るのを許可しています。そのときは、私の時間を100パーセント、次女のために使います。食事もつくり、彼女が望むとおりに、行きたい場所に付き合います。

上田：息子さんからの「吐き出し」はありましたか？

O：ありました。お互いに「あのときはこう思っていた」と伝え合いました。息子が不登校になったときは、「学校は行かなければいけない」という価値観でしたが、1年ほどたったころから「もう学校には行かなくていい」と伝えるようにしました。「○○をしなくてはいけない……」ということは言わないようにしようと、自分に言い聞かせたのです。「学校に居場所がないうえに、家でも親ががみがみ言ったら、この子の居場所が本当になくなってしまう」と思ったからです。

でも、それを息子は「見捨てられた」と思ったらしいのです。じつはそれを告白してくれたのが27歳のときでした。しかし私は、不登校の最中でも家の中で悶々と過ごしてほしくなかったので、学校が終わる時間帯を見はからって、毎日のようにボウリングに連れて行ったり、犬の散歩をさせたりしていたんです。気分転換させようとは思っていたので。ただそれも、彼の中で恥ずかしいという思いが芽生えてきて、だんだん外出しなくなっていきましたが。

「あなたはどうしたい？」と本人の気持ちを聞くことの大切さ

O：私、次女に言われました。「お母さんね、病院に行ってカウンセリングを受けるのもいいけど、本当に聞く相手なのは、娘じゃないの」って。親が「よかれ」と思って決めてしまう前に、「あなたどうしてほしい？　どうしたい？」と、次女本人に聞くべきことなんですよね。

寅：それ、僕も同じです。僕も娘さんたちもそうだけど、答えは本人が知っているんですよね。ひきこもることによって、お母さんたちにメッセージを伝えているのですよ。そのメッセージをわかってくれたら、たぶん外に出られるようになるんじゃないかなあ。「聞いてほしい」ってことですよね。いままでは聞いてもらえてなかったということですよね。

O：子どもは、「自分はこうしたいんだ」と言っていたのかもしれないけれど、親は自分が責められているように聞こえてしまっていたんだと思う。だから、すべて受け止めて、「そうだったんだ、聞いてほしかったのね」という返しができていなかった。そこがいちばん大きな違いだと思います。彼女が解決すべき問題なのに、親が価値観を押しつけて口を挟んでいたんですよ。口を挟んでいることすら、気づいてなかったんですね。それがわかったから、いまは私も聞けるんです。彼女の言葉は否定しないように、そのまま受け入れています。それができるようになりました。

親が世間の枠組みやレールから自由になること

乃浬子：　実業家の斎藤一人《さいとうひとり》さんという方が、「日本のお母さんはシンパイする。世界のお母さんはシンライする。たった1字違いなのに真逆ですね」とおっしゃっていて、「なるほど！」っと思いました。子どもは心配されると、自分は信頼に値しない人間なのだと受け取ってしまいがちですね。

G：　昔は、親が子のことを心配するのは当たり前でした。親も苦しいなかで遠く離れた子どもを心配して仕送りしたりなどして、それが美談として語られてきました。その「当たり前」という意識が、子どもをレールや枠組みにはめてコントロールしようとさせてしまう原因です。そういうレール、枠組みにはめようという意識が、いまの親はすごく強い。

上田：　レールや枠組みからはみ出ることへの不安を感じて、親は子どもを心配する。でもそこで、「親はいったい、誰のために心配しているのか？」が大事な問いかけになるのだと思います。子どものことを心配しているようでいて、じつは、親自身の大きな不安を優先させてしまっている。不安に覆われると、なんとかしなきゃと焦《あせ》るばかりで、子どもの本当の姿や思いが見えなくなります。

その不安をつくっている一端が、やはりいまの社会構造にもあるでしょう。いくつになってもやり直せる、寄り道してもブランクがあっても大丈夫な社会だったら、もっと不安は減るかもしれない。でも、社会はいますぐ変えられないから、自分自身を変えていくしかない。だから悩むのだと思います。

G：　親が、うちの子はレールや枠組みから外れていいんだと思った時点で、子どもを本当に信頼することができると思うんですよ。そうすると、「いまひきこもっていても、あなたはその生き方でいいんだよ」と親が言えると思います。「いずれあなたはそのうち、自分の生き方をちゃんと見つけていくんだから、いまはこれでいいんだよ」と。ただ、親自身がその枠組みを外すのに、とても時間がかかると思います。

上田：レールや枠組みを気にするのは、子どもの将来への不安と同時に、「世間体《せけんてい》」というものがあるように思えます。「世間体」を気にするほど、親自身の視野が狭くなっていくような……。

O：世間から陰口を言われることについてなら、私はもう卒業しています（笑）。世間体はあまり気にしない。気にしていたらやっていけません。

Y：私は以前、地域の役員をやっていたことがありまして。そのときに、ひきこもっているのはうちの子だけかなと思っていたんですが、想像していたより多かったんですね。私が住んでいるのは田舎なので、「誰それは、どこそこに通っていて、何時くらいに帰ってくる」ということまで、みんな知っている。「あそこの息子さんはいるんですかね？」と聞くと、近所の人は、あそこの息子はひきこもっているとは絶対に言わない。「いるにはいるみたいだけども」とか「たまーには自転車に乗っているのを見ることもあるけどね」というときは、だいたいひきこもっているんですよ。

そういう中でひきこもっている子は、どれだけつらいかと思います。都会で「隣の人も知らない」という環境のほうがラクだろうと思う。だから、親が世間体を気にしているど、ひきこもっている子は、とてもつらいんじゃないでしょうか。

ほかの役員さんの中にも、当事者に共感するわけではなく、上から支援してやっているのにという目線の人もいる。そう考えたら、私自身も、この子をなんとかしようと思うのは違うなと。よく言われるんです。「子どもをなんとかしようと思っているうちはダメですよ」と。以前は理屈ではわかっているけど、ほんとうの意味で、わかっていなかった。いまはもう、人がどう言おうと、それぞれが幸せならいいんじゃない？　と思うようになってきました。

上田：　Oさんは先ほど「世間体はもう気にしていない」とおっしゃいましたが、何かきっかけのようなものがあったんでしょうか？

O：　子どもとは関係なく、私自身の中で、50代はじめのころ、捨てたんですよ。夫が亡くなったことがきっかけでした。夫はとても気難しい人で、自分の価値観で子どもを押さえつけようとする。私はあいだに入って神経をすり減らしました。そこから解放されたときに、「もう人に気をつかうのはイヤだ」と思ったんです。ですから子どもがひきこもっているときも、世間体は気にしなかった。自分が先に捨てたので、「人間としての道を外れなければ、どう生きてもいいよ」と思えたんです。子どもがひきこもりだしたころ、もうすでに捨てていたんです。

上田： 世間体を捨てて、親自身もラクになっていく……。

Y： 私も世間体を捨てつつあります。結局、世間が何かをくれるわけじゃないですから。多少は助けてくれるかもしれないけれど、でも結局、最後はやっぱり自分たちで解決するしかない。そう思うと、他人は関係ないと思えるようになってきた。

S： 私は中学・高校と女子校に通いましたが、共学校に行きたくて１年浪人し、大学生になったときに思いきってある演劇サークルに入ったんですね。そうしたら、世間というものからすごくズレちゃったんです。先輩たちもみんなズレてて。

そのまま世間並みでない学生生活を５年間送ったあと、自分がやってみたい仕事もあったんですが、家の事情で父の仕事を手伝った。なので、私の進路選択基準には、「世間体を気にして」というのは、もともとなかった。だから息子がひきこもったときに、地元のスーパーに行くと、中学のときの同級生のお母さんに会ったりして、「おたくの息子さんはどうしてる？」などと聞かれるのですが、「いまうちにいるよ」と素直に答えていたんです。息子には、「母ちゃんは、別にあんたが、学校に行かないでいるのは、恥ずかしくないからね」と伝えていました。

でも、私には私自身の「殻《から》」があって、それは他人に「助けて」と言うのに抵抗を感じるところ。「それこそ、世間体を気にしている証拠じゃない?」なんて言われるかもしれませんが、なかなかヘルプとは言いたくない。もっと早くに、たとえば息子の同級生のお母さんたちに素直に言えていたら、もっとスムーズに運んだのかなと思うこともあります。それが私の「世間体」かもしれません。

上田：Gさんはいかがですか?

G：私は、世間体がもともとない人なので(笑)。だから娘が高校2年生でひきこもったときに、すぐ周囲には話しました。以前は、近所を歩いていて、娘が幼稚園のころからの友達の母親に会ったりすると、娘はさっと私から離れていたのが、最近はそのまま一緒にいるようになりました。しかも、私がそのお母さんに挨拶すると、一緒に頭を下げるようになっています。また、これまでは「誰それが結婚した」「お子さんが生まれた」という話を拒絶していましたが、いまは「どんな旦那さんなんだろう」とか、「子ども、似てるね」なんて話ができるようになってきました。いま、娘も世間体から放たれつつあるのかなと思います。

K：私は、自分自身がひきこもりになる要素を十分にもっています。というのも、世間に合わせて生きてきたのですが、まったく心は満たされないままだったから。それに、世間に対して、とても緊張感がありました。父親が厳しい家庭に育った影響もあるのでしょうか、厳しさはそのまま、私に伝わっています。

自分の子どもにはそうしないように……という思いはあったのですが、同じように厳しく接してしまいました。子どもは自分の意思を封じ込められて、さぞ苦しかったと思います。その結果、我が家の息子２人は世間の枠組みから外れて生きています。

それを見ているうちに、私自身が世間に合わせた生き方を捨て、自分の思いに沿った生き方を選ぶようになって、むしろ心が平和になった気がします。そんな母の変化が、息子たちへ伝わっていけばいいなと思っています。ひきこもってから長いのですが、いまはそれを選択している長男と次男のことを尊重していこうと思えるようになっています。

うれしいことに、最近、ようやく夫が相談の場所に一緒に出てくれるようになってきました。子どもの相談というよりも、夫婦のカウンセリングみたいになるのですが、これまでは夫と妻、父と母の役割を果たすだけで、本音で語り合うことはありませんでした。そこで、家庭で夫婦の話ができないのならば、誰かあいだに入ってもらいたいと思ったのです。第三者に入ってもらうことにより、思いをかみくだいてもらい、ようやくお互いの本音が見えてきたところです。

共感し合える仲間の存在があれば、大丈夫

乃浬子：きっと一人でいることが心地よいという人も多いと思うんです。つまり孤独が悪いのではなく、その状態を受け止められないから生きづらくなるのです。私たちみたいに、「孤独が好きですけれど、なにか？」と言えてしまえば、その期間を〝自分自身と向き合うかけがえのない経験〟と、とらえることができて、のちの人生に活かしていけるのではないでしょうか。

寅：全員に好かれなくてもいいんですよね。僕は大勢の人の前で話すとき、たった一人でも、僕の話に共感してくれる人がいたら、それだけでいいやと思っています。その一人を探すのが、人生のテーマじゃないかなあ。無理にそのタイミングを求めなくてもいいと思っています。

上田：　理解されないまま、一人でかかえるのは本当に苦しいものです。そんな苦しい中でも歩きつづけて巡り合った「仲間」、共感し合える味方がいるということが、心の支えになるはずです。今日の座談会でも「仲間」という言葉が何回も出ました。たった一人でも分かち合える仲間がいれば、「私は一人じゃないんだな」「大丈夫なんだな」と、勇気をもらえる。それは親も子も一緒だと思います。そのために家族会が全国にあります。

今日のこの座談会も、悩みをかかえるご家族のエンパワメントになればいいなと願います。本日は、みなさん、ありがとうございました。

【家族会の意義】

KHJ全国ひきこもり家族会連合会　上田理香

「家族だけで問題をかかえないで」……親が心のゆとりを取り戻すことが第一歩

ＫＨＪ全国ひきこもり家族会連合会は、１９９９年に任意団体としてスタートしました。当時は「親の育て方が悪かった」「本人の甘えだ、怠けだ、自己責任だ」という偏見に満ちあふれ、行政の窓口も相談機関もありませんでした。世間や周囲の無理解や偏見に対し、家族もただ孤立感と無力感をかかえて、苦しむほかなかったのです。

その世間の壁を打ち破るために、ひきこもりの苦悩をまず知ってもらおうと、親がみずから社会に声を上げ、全国に家族会を立ち上げていきました。家族が孤立せず、お互いにつながっていくこと、仲間とともに安心と希望を得ていくこと、誰もが排除されない地域社会の実現をめざして、現在、全国39都道府県55地域の家族会がネットワークを組んで、社会的理解の促進をめざしています。

家族会では、親だけでなく、ひきこもり当事者、経験者、兄弟姉妹、そして長年、ひきこもり支援活動に携わってき有識者や支援者もともに活動しています。

しかし、「ひきこもり」に対する偏見が、まだまだ根強いのも事実です。

内閣府の実態調査（２０１５年、２０１８年）からは、15歳～64歳までの「ひきこもり」者は推定１１５万人という数字が浮き彫りになり、「人は、どの世代でも、どの年代からでも、誰でもひきこもる可能性がある」ことが公式に発信されました。

ですが、本人や家族の自己責任という名のもと、ひきこもりは家族だけでなんとかしないといけない、身内のことを誰かに相談するものではない、という認識も存在しています。周囲への負い目や引け目から、本人の存在を隠しつづけたり、親も子も周囲との関係を絶ち、地域から孤立した状態で、長期高年齢化している現状もあります。

だから、まず、「家族だけで問題をかかえないで」というのが、家族会のめざすあり方です。ひきこもりは本人や家族の自己責任ではありません。そのとき、そうならざるをえなかった環境や要因、社会構造があったのです。

「この子がこうなったのは、自分の育て方が悪かったからではないか。あのときもっと、ああしていれば……」

親の多くは後悔や自責感に苦しみます。しかし、その家族を責める人は誰もいません。家族会ではみな、同じようにつらい思いを経験してきているからです。心にためていた思いを、ただ出し合い、聞き合い、分かち合います。

「まわりからは、なかなかわかってもらえなかった気持ちも、ここではありのままを受け止めてもらえました」

無理解や孤立感にさいなまれていた心が、少しずつ温かさを取り戻していきます。

また、家族が、何かに駆り立てられるように、具体的な解決策を求めて来られる場合もあります。「自立させるには、働かせるには、どうしたらいいですか」。そこには「即効薬」を求める気持ち、一刻も早く子どもを何とかしなければ大変なことになってしまう、という強い不安と焦《あせ》りがあります。

「いつになったら働くのか、親がいなくなったらどうするのか」

つい漏れてしまった一言で、本人を追い詰めてしまい、親子関係をこじらせている場合も少なくありません。

先の見えない焦りと不安から落ち着きを取り戻すために、家族会では、家族同士の体験的知識（成功体験、失敗体験）から学び合っています。とくに、ひきこもり経験者の言葉は、自分の子どもからは聞けなかった思いを想像する大きなきっかけになります。本「ひきこもり大学」での講義も、その一つです。

「これまでは、親の言い分をただ貫いていた。でも、子どもは、本当は、どんな思いでいたのだろうか、何を望んでいたのだろうか。そこは見えなかったし、見ようとしていなかった」

日頃の接し方、自分の言動を振り返りながら、親自身が、本人の姿に向き合えていなかったことに、少しずつ気づいていきます。

この気づきは、親自身が、心のゆとりを取り戻してはじめて得られます。そして、親子関係の回復に向けた大切な一歩になっていきます。


世間の物差しから離れたとき、本人の姿が見えてくる

親自身の気持ちが落ち着き、ゆとりが出て、ひきこもりのことが少しずつわかり始めるようになると、世間の「常識」「普通」や「人並み」という意識が、本人を追い詰め、生きづらさの源になっていることに気づきます。親にとって理解しがたかった言動（昼夜逆転、ゲーム、無言、暴言など）も、本人にとっては必ず本人なりの理由があり、生きつづけるために必要な行動であることがわかってきます。世間の物差しから離れ、子どもの立場に立ってみたとき、初めて本人の思いや考えに気づく。「価値観の転換」は、親自身も孤立や偏見から解放され、本人の姿が見えてきたときに迎えるターニングポイントです。

子どもは小さい頃から、親をよく見て行動しています。親に反抗する代わりに、親の大変さを気遣い、相手の気持ちを敏感に感じ取って生きています。反抗期もなく、一見、親に従う「素直」な子にも見えますが、自分の気持ちを「素直」にそのまま表現することが困難な子であったとも言えます。自分の感情や欲求を抑え込みやすく、他者には出しづらい特性です。周囲からは「本人は何を考えているかわからない」と言われますが、自分のいまの状態をどう説明していいかわからない苦しみがあります。

そもそも、ひきこもりは、「ひきこもらなければ死んでいたかもしれない」という言葉のとおり、生命の危険から身を守るために行う防衛行動です。いまのひきこもり状態が、本人にとってどんな意味をもつのか、本人の心理状態や特性から考えていく必要があります。仮に親を避ける行動があったとしても、何らかの危機感（ひきこもっていることを責められるのではないかなど）を感じ取ったがゆえの防衛行動かもしれません。あるお父さんが、思い詰めた表情で家族会を訪れました。

「子どもがずっと私を避けつづけています。顔も合わせてくれません。私は何か間違ったことをしたのでしょうか」

家族のみなさんは、黙ってそれに聞き入ります。

「私が子どものころは、何も言わず我慢して努力するのが普通だった。そうやって私も育てられ、日々精進してきました。だからこそ、子育ても同じようにやってきた。良かれと思って、自分なりにがんばってきたつもりだった。それなのになぜ……」

無念な気持ちや抑えきれない父親の心情がありました。これまでの親自身のがんばりや報われなさ、一体自分は何をしてきたのか、すべて間違っていたのか。その怒りや悲しみに、一緒に耳を傾けます。それは他の家族の誰もが感じてきた思いでした。

「お父さんなりに、子どものためにできることを精いっぱいやってきたんですね」。

他の家族も、一緒にその思いを共有しながら、そのまま受け止めていきます。

「親としての自信もすべて失ってしまい、いまさら本人と、どう接していいかわからない……。だがいままでの私のやり方、世間の評価を中心にして、勝つか負けるかの競争社会で生き抜いていくやり方ではうまくいかないということはわかりました」

「私もそうでしたよ、会社人間でしたから。でもなかなか考え方を変えられず苦労しますね」

別の家族も共鳴しながら、耳を傾け、話は深まっていきます。家族の中でも、とくに父親は、本人との関係が断絶している場合も少なくありません。父親としての役割を見失ってしまった中で、これまでの生き方、そしてこれからの生き方を、少しずつ見つめていきます。自分は何を求め、何を見失ってきたか、そして心では何を望んで生きてきたのか。自分の生き方や価値観を自問自答していく段階です。

「幸福になるためには、仕事で成功する、人から認められるために努力しつづけることが唯一の方法だと思っていたんですね。だから、社会に出ようとしない子どもは受け入れがたかったし、子どもの声を聞こうとはしなかった。そこに気づきました。いままで良かれと思ってやっていたことは、親の価値観の押しつけだと言われるとおり、確かに親中心の努力でした。そのことを、子どものおかげで気づくことができました。子どもと親は、親子でも、別々の考えをもって生きているんだと、自分に言い聞かせています」

ここまで気づく道のりには、親同士の仲間（ピア）サポートや、ひきこもり経験者からのヒント、支援者、専門家の助言など、さまざまな人との交流のなかで、親自身の行きつ戻りつの葛藤と自問自答の時間があります。その一歩一歩の時間を経て、親子は別々の人間として、本人の生き方を肯定していく段階に入ります。

「(ひきこもっている期間は) 本人が自分の心と対話して納得のいく人生を送るために、足を止めた期間なのだろうと思うようになりました。家族は本人の代わりに、次の生き方を選ぶことはできません。本人が、自分の道を選択できることを応援していく。親の先回りは、本人の何かをしたい、やってみたいという気持ち、意欲を奪ってしまう。急かすのではなく、必要なときに味方でいればいい。本人の邪魔をせずに笑顔でいて、本人がＳＯＳを出したら、親は斜め後ろから応援できればいいと思うのです」

本人なりのペース、生き方をありのまま受け入れて、信じて応援していこうという段階です。親子の信頼関係ができていくと、本人は自分の要求を伝えたり、自発的に動き出していくことも自然に増えます。親から信頼されているということが、自信と安心につながっていきます。家庭という安全基地があるからこそ、本人も一歩を踏み出せるのです。

家庭が安全基地になるためには、親自身が安心感をもてること。自分をゆるめて、ラクになっていくことが必要です。「子どもには楽しいことを見つけて生きてほしい」と思ったら、親自身も自分の楽しみを見つけて、実践してみる。好きな花を愛でる、ペットをかわいがる、日常の小さなことからでいいのです。

また、時に不安な気持ちが浮かんでくることもあるでしょう。いろんな思いが行ったり来たりしながら、疲れてきたな、しんどいな、気持ちを下ろしたいな、と思ったら、心おきなく吐き出せる場所が、家族会です。

かかえるのがしんどいなと感じたら、どうか、がんばりすぎないでください。問題を家の中に留め置かず、どこかで荷物を降ろしましょう。悩みや苦しみを分かち合うだけで、気持ちは軽くなっていきます。気持ちがラクになれば、新しい見方や考え方にも気づきやすくなります。

家族会でも、相談機関でも、安心できそうなところなら、どこでもいいのです。

気持ちをラクにしてみませんか。

すべてはそこから始まります。

第5時限目

回復学部　母と娘学科

「ひきこもり、本当の欲求を見つめた」

母娘、それぞれの幸せの尺度をもって

KHJ全国ひきこもり家族会連合会
本部事務局長・家族相談士

上田理香

上田理香（うえだ・りか）

　大学卒業後、20代で断続的に親子二重の社会的ひきこもり状態を経験。家族関係が少しでもラクになるために、家族が孤立しないために、2012年よりKHJ全国ひきこもり家族会連合会の活動に携わる。現在は本部事務局長として、全国の家族会の取り組みをサポートする。

　家族相談の事例に多く携わり、学習会、研修会などの企画実施も多数。KHJ認定ピアサポーター。家族相談士（日本家族カウンセリング協会認定）。

SOSを封印し、ギリギリまで我慢する母娘

私は、母娘で断続的にひきこもった経験がある。産前から仕事をもっていた母は、産後すぐに職場復帰し、周囲の期待に敏感にこたえて働いた。自分の欲求を顧みる前に、他者の欲求を優先し、自己責任という言葉のとおり、人さま世間さまに迷惑をかけずに生きなさいというルールが、暗黙のうちにあったように思う。

家で仕事の愚痴《ぐち》を吐かない代わりに、夫婦喧嘩は絶えなかった。多忙で余裕のない両親の眉間《みけん》の皺とまなざしの先で、親の反応を先回りし、面倒なことにならないように、心配ごとは、自分の胸に隠し持つ術を身につけた。家族と本音の会話を避けるようになったのも自然なことだった。

小学生のとき、いじめにあい、もう限界か……と自死を考えたその日の夜に、「学校に行きたくない」と、母にようやく打ち明けたことがある。

翌日、母は学校を休ませてくれ、担任にも相談し、短期間でいじめはなくなった。しばらくして登校できるようになったものの、責任感の強い母からは「もっとあな

たにこうしていれば（いじめにあわないですんだかもしれない）」というまなざしを感じ、「ああ、自分のせいで、これ以上の心配はかけられない」と心に決めた自分がいたことを覚えている。

他者に迷惑をかけないようSOSを封印し、ギリギリまで我慢する。思えばこれは、ひきこもる以前まで、母娘で共通した生き方だったように思う。さまざまな人間関係の疲弊が重なって、やがて社会から退避したことは、自然な成り行きだったろう。

家族や社会から距離を置き、自分を見つめる

それまで、私の自己評価の尺度は、相手に認められることであり、相手の期待（条件）を満たす「がんばりつづける自分」だった。それは家族以外の第三者に対しても同様で、他者評価中心の生き方は、やがて、評価される他者（依存対象）を失うことをきっかけに、燃え尽きることを繰り返した。周囲の期待に沿うだけの生き方では同じように崩れてしまう。親と対峙《たいじ》してしまうと、無意識の期待を感じて自分を見失い

そうになる。家族や社会から距離を置き、自分を確認する必要があった。そのために徹底的に自分を閉ざした。

やがて、母の意識の先は、「子ども」や「まわり」ではなく、「自分自身」に向かった。仕事を辞め、周囲との関係を絶ち（ひきこもり）、母は自分を見つめる時間を持った。世間や周囲の期待、責任という重荷を下ろし、自分自身の欲求を少しずつ取り戻す時間が、母娘の無言の関係の中でつづいていった。

無条件肯定への欲求
「自分は本当に生きていていいのか……」

空気や生活音は雄弁だ。母親の変化は少しずつだが無言の中からも感じ取れた。「何とかしなければ」という不安や焦《あせ》り、心配の度合いが薄れ、時に、リラックスした空気と自分を楽しませる時間をもっているのが感じられた。家の中での私の緊張感も少しずつ減っていった。

そんなとき、出すことを禁じていたＳＯＳが母の前で漏れ出てしまった。「死にたい」という言葉は、小学校のいじめ以来、二度目のＳＯＳだった。すると、私にとっては、想像しえなかった言葉が返ってきた。

「決してあなたを死なせない。生きているだけでいい。それでいいのよ」

その言葉は、自己否定を繰り返した自分には、にわかには受け入れがたかった。心の底では、こんな自分でもほんとうに生きていいのか……という問いと、条件つきでなく、「愛されたい、認められたい」という欲求が心を貫いた。同時に、その欲求を押し殺そう、封印しなければならないという罪悪感も襲ってきた。

しかし、この欲求だけは、否定できなかった。葛藤は消えないが、あるがままの自分を見つめ、こんな自分でも生きていていいのかもしれないと、少しだけ許されたような気がした。

子どもは愛されるために、無意識に、親の期待を読み取って行動しようとする。でも「私は、生き直したい。ただ自分の人生を自分なりに納得して生きたいのだ」との思いとともに、無言を貫いた。

そのときから、少しずつ、自分のために自分の足で生きる次の一歩を見据えていけたように思う。

幸せの尺度は、自分が見つけていく

現在まで、母は20年余り、家族以外との関係をすべて断ち（ひきこもりつづけ）、齢《よわい》八十を超えた。そして、私に投げかけた「生きているだけで、それでいい」という言葉を、母は、自分にも許しはじめていた。それは、言葉だけではなく、母自身の生き方にも表れていた。

だから信じられた。相手の期待にも、無理であれば、ハッキリ「ＮＯ」と言うようになった。喜びの感情を、そのまま感じ、受け取れるようになった。年を経るごとに、他者の目から、自由になっている姿があった。

この原稿を書くにあたって、コロナ禍の中、彼女にいまの心境を改めて聞いてみた。五十路《いそじ》を前にした自分にとって、それは、発見の連続だった。

「（当時もいまも）あなたが何も話さなくても、どう生きるのか、最後の決断はあなたがすると思っていた。だから何も言わなかったし、言う必要はないと思っていた」

「私はもともと、人づきあいはおっくうな性格。みんな一緒はイヤで、ほんとうは自分でのんびりやりたいほうだった。ちょっとでもうるさいが人がいると、ＮＯが言えなくなってしまう。だから一人が好きなのよ。静かな人は、静かな場所に逃げる。周囲がうるさいとき、面倒なときは、避難する。自分は世間に支配されたくないから。これがいまの私の哲学かしら……」

そして、最後に微笑んだ。

「ひきこもりだからって、外に出さないでちょうだいね。いまは最高に幸せだから」

私は間髪入れず「もちろん」と答えた。そして「幸せ」という言葉が、母の口から出たことに、驚き、感動すら覚えた。

これまでの時代を懸命に生き抜き、その結果、母なりの幸せを感じている「いま」がある。それが偽りなく伝わったとき、私自身の罪悪感を手離し、いまの自分を、大切にしたい、大切に生きたい、そう思えるいまがあった。

人は、その生を終えるまで、変わりつづけられる生き物だと思う。そう信じられるのは、母の生きざま、そして、家族会で出会ったたくさんの親御さんの生きざまが、それを見せてくれているからだろう。

自分の幸せの尺度を、自分で見つけていく。私もまだ、道なかばであるが、いまここで自分なりの親子関係の回復を記しながら、「回復とは、新たな発見の積み重ねかもしれない」と実感している。

その旅は、いろんな痛みや喜び、驚き、感動に満ちている。生きているから感じられる軌跡である。

第6時限目

ビジネス学部　アフィリエイト学科

「人が苦手」でひきこもりに

アフィリエイトに出合って人生が動き出す

株式会社だいすきラボ 代表
アフィリエイター

近藤　愛

近藤　愛（こんどう・あい）

株式会社だいすきラボ代表取締役。同志社大学商学部卒業。10代のころのひきこもり経験（高校を中退。資格試験により大学を受験）から、「もっと楽しく生きることを提案したい！」と、WEB広告に関する仕事を経て、女性向けのコンテンツ制作の世界へ進む。6年連続、国内人気アフィリエイターに選出される。

WEBマガジン『35-45WOMAN（サンゴーヨンゴーウーマン）』『チョコレート大事典』の編集長もつとめる。

■35-45WOMAN　http://35-45.net/

■ミネラルファンデーション大好き

http://love-mineral.jp/

■女子旅ライターが行く！

https://www.joshi-tabi.info/

■チョコレート大事典

https://chocolate.bishoku.info/1

“自分らしい”生き方を見つけるために

アフィリエイト（成果報酬型広告）が日本に登場しはじめた十数年前から現在まで、アフィリエイト界の第一線で活躍している近藤愛さんは、高校2年生の時期の1年間をひきこもりで過ごした。

愛媛県で生まれた近藤さんは、物心ついたころから人が苦手で、小学校、中学校時代は他人から嫌われたくないという思いが強く、愛想笑いで過ごす時間が長かったという。勉強や運動も人並み以上にできる優等生として通し、周囲からの評価も高いと感じていた。

「自分は有能なのだと思いたかった。でも、本当は自分は普通なんだとわかってもいるのです」という近藤さんは、その評価に応えようと頑張ることに疲れてしまった。それが、高校2年生になったときだった。

一方で、薬剤師の両親からの期待も感じていた。いつしか親の期待どおりの人生を送ることが自分の進むべき道であると考えるようになっていった。

ひきこもっていた時期には、母親から「一緒に死のう」と言われ、包丁を持ち出されたこともあった。

苦しい時期に、わずかな光明を見た気がしたのは、職業訓練所でのパソコン講習だったという。

そこでパソコンの基本やホームページのつくり方を学んだ。それからブログを書きはじめ、それがやがてアフィリエイトにつながっていく。

「就職しか生き方がないと思っていた」という近藤さんは、自分らしい生き方を見つけ、ひきこもりから復活した。近藤さんの生き方からは、ひきこもりから脱出する多くの示唆を含んでいる。

【近藤愛さんの自分史】
「プライドの高さ」がひきこもりの原因？

私はずっと人が苦手で、それが小・中学校時代は苦しかった原因でした。高校生になってそれが限界に達してしまい、不登校とひきこもりになってしまったのだと思います。

なぜ人が苦手だったのかというと、プライドは高くて、「ええかっこしい」のところがある私は、人とかかわることで自分が普通の人であることがバレるのが怖かったのだと、いまにしてみれば思います。

小学校はずっと学級委員長で、つねにクラスのまとめ役でした。実際は普通なのに過大評価されていたのです。「自分は平凡」とどこかで思っている自分と、その反面、「自分は人とは違う」と信じたい自分が不思議に同居していました。ありのままの自分でいいとは、当時は思えなかったのです。

高校１年生くらいになると、その我慢も限界になりました。座って授業を受けているのも苦痛でした。高校２年で理系選抜クラスに入りました。いわゆる進学クラスです。両親が薬剤師なので、自分もそれをめざしてがんばって進学校に入ったのですが、落ちこぼれになっていきました。

そうなると、よけい学校に行きたくなくなり、1年生のときも休みがちでしたが、2年生になると、ほとんど学校を休むようになっていきました。母親に手を引っ張られて、学校に連れて行かれたことが二、三度ありましたが、それでも行けるようにはなりませんでした。

授業に出ていないので勉強についていけず、「勉強のできない自分」がイヤでした。プライドが許さないのです。

親からうるさく進路や将来の職業について指示された覚えはありませんが、期待はうすうす感じていて、「期待に応えなければ」と思っていました。たいした期待ではなかったと思うのですが、それを過大に感じてしまっていた自分がいました。

中卒という学歴になることに対する焦《あせ》りが生まれてきて、「このままではいけない」「なんとか大学には行かねば」と思い、高校を中退して香川県の高松にある予備校に入りました。愛媛からは通えないので、寮住まいです。そこで大検《だいけん》(大学入学資格検定。現在の高卒認定試験)の勉強と大学の受験勉強を一緒にやりました。

受験勉強をしていた浪人生ばかりだったので、１、２歳年上の人たちばかりだから、自分が劣っていても言いわけができるので気がラクでした。

大検は１年で合格したのですが、大学には落ちてしまいました。翌年に同志社大学の商学部に合格。依然として人とのコミュニケーションが得意ではなかったので、友達もほとんどいなかったのですが、なんとか４年で卒業することができました。

「自分のビジネスをもつ」という生き方

大学３年生になると、まわりはそわそわと就職活動を始めたのですが、私はそのとき、何もしていませんでした。人が苦手うんぬんではなく、単にめんどうくさいことから逃げたかったのだと思います。私はこれまでの人生で、ひきこもりよりも、この時期のほうを恥ずかしく感じています。ただの怠惰《たいだ》なのですから、なんの言いわけもできません。

大学を卒業しても１、２年は京都に居残ってダラダラと過ごしていました。このときは、職探しか何かの理由をつけて親からの仕送りで生活していました。

そんな私を見かねた父が1冊の本をくれました。それが当時、大ベストセラーになっていた『金持ち父さん 貧乏父さん』(ロバート・キヨサキ著、筑摩書房、2000年初版、2013年改訂版)という本でした。この本に書かれていることはいろいろとあるのですが、当時の私が得たのは、「自分のビジネスを持つ」「自分で会社をつくる」ということだったように思います。

それまでは、就職することがすべてだと考えていましたし、父からもらった本でもあったので、就職しないでいる自分の免罪符《めんざいふ》に見えたのかもしれません。ただ、会社に入らない生き方もあるのだなと気づいただけで、そのときはまだ何もやっていませんでした。自分で何かを始めるのはこの数年後のことになります。

26歳のころ愛媛に呼び戻されてからは、何かして働かなくてはと思いながら、なかなかできずにいました。職業訓練所でパソコンの講習を受けるなどして活動はしていましたが、それで何かの職を得るということもできませんでした。

このときは、本当に苦しい時期でした。働いていないことが人間失格の烙印《らくいん》を押されたような気持ちになり、いい年をして親に食べさせてもらっていることにも心底恥ずかしいと思うようになっていました。

親と一緒に食卓を囲んでいても、働いていない私には楽しく談笑しながら食べる資格なんかないのだと思うようになり、親の目を見て話すことができず、つっけんどんな態度で接していました。ひきこもりの人が親に対してとても冷淡になってしまうのは、決してイラついているからではなく、親に対して「申しわけない」という気持ちがあるからなのです。

ブログを書くことで親の目を見て話せるようになった

そうして苦しい日々を過ごしていたころ、実家に毎日のように荷物が届いていました。母が通信販売で買い物したものでした。

当時、楽天が運営していた楽天広場というブログがあり、楽天で買った商品をウェブ上で紹介して、それを見て商品を買った人がいれば、楽天ポイントをもらえるというサービスがあったのです。最初はそのポイントほしさに、母が買った商品を片っ端から紹介していきました。

このときはまだブログがお金になることはなかったのですが、たとえ100字でも文章を書いているだけで少しの充実感がありました。そうなってからは「自分は何かをやっている」と思うことができ、親の目を見て食事できるようになっていきました。すると間もなく、ポイントではなく、現金で還元されるという、現在のアフィリエイトの仕組みが登場しました。すぐに私もアフィリエイトに切り替えて、商品の口コミ情報を得るのが苦手な中高年層をターゲットとしたブログをつくったのです。

じつはこのころ、父の縁故《えんこ》で旧・財閥系化学会社に就職していました。しかし、そこも学校と同じで、入ってすぐに息苦しさを感じました。同じ時間に行ってずっと机の前に座って過ごすというのも、楽しいとは感じられませんでした。堅実で保守的な会社だったため、はみ出ることが許されない雰囲気がありました。

そうこうしているうちに、アフィリエイトでの収入がどんどん増えていきました。2007年にブログをつくった翌月に10万円、翌々月に30万円、さらに50万、100万円という具合に、とんとん拍子に収入が増えていったのです。

結局、会社は半年で退職し、2008年からはアフィリエイター専業となり、2009年には法人化しました。

30歳からようやく人生が始まった

依然として人が苦手という意識はつづいています。ただ、克服したというわけではないものの、以前より苦手ではなくなったと感じています。それはなにより、お金を稼げていることで、自分で自分を養っていけているという自信が芽生えたからだと思います。

恥ずかしくないものが一つもてたというのが大きいと思います。それまでは何ももっていない、プライドだけ高い人間でしたが、収入という目に見える数字が出たことは、自分を肯定できる大きな要素になりました。

以前は、自信がなく、相手が自分の懐《ふところ》深くに入ってこないように壁をつくっていましたし、自分の話は誰にも役に立たないからと思い込み、自分から話すこともほとんどありませんでした。話しても相手に時間をとらせないようにしようとして、とても早口でした。いまは興味をもって聞いてくれるのではないかと思えるようになったので、ゆっくり話すことができます。

何か一つ自信をもてるものをもつことが、とても大切だと思います。それによって、苦手なことを完全に克服することは難しくても、「少し苦手」くらいになって、生きやすくなります。私もいまでは、人はすごく苦手ではなく、「ちょっと苦手」くらいになりました。

基本的にアフィリエイトは自分の部屋の中だけでできる仕事ですが、対面でのやり取りが発生することもあります。収入が増えはじめて2年がたとうというころ、東京のアフィリエイト代理店から、「どうしても一度会いたいから来てくれないか」という話がありました。大阪、名古屋といった大都市でない地方で、それだけの収入を上げられる人は当時はまだ少なかったから、ぜひ話を聞きたいというのです。

「東京なんて、そんな人の多いところは絶対に無理です」と、何度か断ったのですが、「空港まで迎えに行くし、すべて案内しますから」と押し切られて、一度上京しました。そこからは対面のやり取りが徐々に増えていき、いまは東京で1年の3分の1を過ごすようになりました。

人が苦手だったひきこもり時代からすると、だいぶ大人になったなと、自分でも思います。30歳くらいから、ようやく人生が始まったという感じです。

振り返ると、「自分の価値基準はお金にあったのかな」と思います。いえ、正確にはお金そのものではなく、「自分で自分を食べさせていける」ということを重要視していたのだと思います。親に扶養されていた28歳までは、親に食べさせてもらっていることに、とても罪悪感をもっていました。それがなくなったら、自分自身を肯定できるようになっていったのです。

収入によって自信を得る以前は、学歴が自信の源泉でした。「関西でも有名な大学を卒業している」という自負があったから、〝まともな人〟と見てくれるのではないかと思っていました。それまでは「学校に行ってないことは、人間としてダメなのだ」と考えていました。しかし収入がともなうようになると、そんなことはどうでもいいことのように思えてきました。

収入を得て、自活することが大切なのだと思います。環境によって異なりますが、たとえば実家暮らしなら、月に３万円も稼げていたら自分の食費分くらいは捻出でき、堂々と実家暮らしができると思います。そういう小さな自負心を持てば、さらに仕事を広げていけると思えるのではないでしょうか。

「就労＝会社に勤める」ではないことに気づいた

私はずっと人が苦手で、学校が苦しかったし、会社も楽しいと思えませんでした。でも、不思議と高松の予備校や大学時代は楽しく過ごすことができました。ある意味、普通の予備校生、大学生だったと思います。そう考えると、人が苦手というより、地元が合わなかったのかなとも思います。

二十数年前は、まだ不登校やひきこもりの人は周囲にほとんどいませんでしたから、すぐにウワサが広がります。そのことにもストレスを感じていました。

電車の中でセーラー服を着たおじさんがいても、渋谷なら騒ぎにならないでしょう。でも、田舎だとすぐにウワサになります。それによって誰にも迷惑をかけないのであれば、やりたい人は放っておいてあげればいいのにと思うのです。

だから、放っておいてくれる都会は好きなのですが、あれこれ詮索《せんさく》してくる田舎の人が苦手だったのかなとも思うのです。こうでないといけないという同調圧力が強い田舎の雰囲気に、窮屈さを感じていたのかもしれません。私のような人間が人と違った生き方をするには、田舎は向いていなかったのでしょう。

「こうでないといけない」という概念に縛られている窮屈さは、就職の面でも感じていました。両親はきわめて普通の感覚の持ち主で、できるだけいい大学に行って就職し、しっかり稼ぎのある男性と結婚することが人生で幸福を得るのに重要だと考えています。会社を経営するという道がないわけではないものの、多くの人は仕事をすること＝会社に所属すること、と考えて生計を立てるものだと考えています。だから、両親は最初のうちは、私の仕事が理解できなかったようです。

ほとんど外出せず、家でずっとパソコンに向かっている私を、両親はしばらく不審がっていました。不労所得のようなもので成り立つわけがない、毎日、会社とかどこかの事業所に行って働いていないと、がんばっていることにはならない、という考えがあったのでしょう。投資の話が書いてある『金持ち父さん 貧乏父さん』をくれた父ですら、そうなのです。

ただ、それはある年代以上の大人にとって普通の感覚なのかもしれません。日本の高度経済成長は、会社組織によって効率的に働くことで成し遂げられてきたからです。会社に所属していれば給料がどんどん増えた時代を経験した世代の人たちは、自分たちの成功体験は、会社に所属していたから得られたものだと考えるはずです。

だから会社に所属することは、自立とセットになっていて、会社に入らなければ自立していないことにされています。でも、いまの時代はそうではありません。

考えてみれば、会社に所属することが一般的になったのは、少なくとも近代以降であって、それまでは農家だったり、商家だったり、自営業者のほうが圧倒的に多かったはずです。そうであれば、「自分のビジネスをもつ」「自分で会社を経営する」ということがそれほど特別なことではない、ということになるのではないでしょうか。

会社を経営するとか、フリーランスで働く人がみな優秀というわけではありません。「人間関係が苦手」とか、「組織の中でうまく立ち回ることができない」という理由で、そうした仕事を選択している人も多いのです。

まずは一人で小さく始めてみる

それに、いまは昔と違って、インターネットがありますから、一人で仕事を始められるハードルが、すごく下がっています。私のようにアフィリエイトを生業《なりわい》にしている人もいれば、グーグルアドセンスという仕組みを使って、自分のブログ内容に、自動的に広告を張ることができて収入が得られるものもあります。ユーチューバーのように、自分の得意なことを活かし、動画配信で生計を立てている人もいます。

かつては、「自分はこんな仕事をしているので、仕事をください」と多くの人に知ってもらうには、新聞や雑誌といったメディアに広告を出さなければならず、大変な初期投資が必要でした。しかしいまでは、インターネット上にアピールするメディア（サイト）を、ほぼ無料でつくることができるので、簡単です。

たとえば、便利屋や、さまざまな代行業などを、インターネット上で仕事を募《つの》ることで成り立たせている人もいます。種銭《たねせん》があるのなら、デイトレーダーになってみてもいいかもしれません。いまはインターネット上で株を売り買いできるので、数千円から始められるようになっています。

まずはそうして自分で小さく始めて、そのまま自営業としてつづけていってもいいし、収入が増えていけば法人化すればいいし、社会とつながることによって視野を広げ、そこから会社に就職してもいいと思うのです。「就労（会社に所属する）することが、ひきこもりからの回復」という世間一般の認識は根強いものがありますが、収入を得る道は、決してそれだけではないと思うのです。

私の親世代からすると、自分たちが知らない世界の動きというのは、すぐには理解してもらえないでしょう。でも大切なのは「自分は前に進んでいる」と感じられることなのです。私が、ブログに記事を書くことで親の目を見て食事ができるようになったように、です。

また、「自分は社会とつながっている」といったように、自分を肯定できる要素をもつことが大事です。その一つとして、私のような働き方があります。

ただし、自分で小さくビジネスを始めても、生涯にわたって、それで食べていくのは、それなりに大変です。アフィリエイターでも、最初は稼げていても、次第に稼げなくなった人もいて、ほかにアルバイトをするようになったり、会社に就職したりする人もいます。つまり、どの分野に行っても努力は欠かせないということです。

そう考えると、結局、多少の運不運はあるにせよ、自分のやり方しだいでどうにでもなると思います。自分の心がうれしくなることと、人の役に立てるということに接点を見出すことができれば、ビジネスとしてつづけていけるはずです。

私がブログに文章を書き出したのは、いわば運動前のストレッチだったのだと思います。いきなり運動する（仕事をする）と、体を壊して（心が壊れて）しまいますから、準備運動が必要です。文章を書くことが心のストレッチになったと思います。「まずはストレッチからやってみれば」とは言いませんが、「そういうこともあるよ」と言いたいのです。私にとってのアフィリエイトが、ほかのひきこもりの人にとってもあるはずです。

ひきこもり時代に得た「客観的な視点」

30歳くらいまでの、ひきこもりの期間を含めて苦しい時期を振り返ってみると、「あのつらい時期があったからいまがある」などとは、まったく思いません。それがなければ、もっと楽しい人生だったに違いないと思っています。

ただ、ひきこもっていなければ、こうなってはいないだろうとは思います。ラッキーの転がり方が全然違うはずです。現在の自分がやっていられるのは、アフィリエイトがちょうど出始めのころにスタートできたというラッキーな部分が大きいでしょう。「ギリギリセーフ。もう少し遅かったら、危なかったなあ」というのが本音です。

ひきこもり時代を活かしている面を、あえて言うとすれば、「客観的に物事が見られるようになった」という点は、あるかもしれません。

私がやっているアフィリエイトは、要はマーケティングなのです。マーケティングは自分の視点だけではできません。とくに女性は、自分の好きなものを熱烈に人にすすめるのは得意です。「この化粧品はすごくいい！」「この服、カワイイ！」というのは、誤解を恐れずに言ってしまえば、誰にでもできます。

本当に重要なのは、「どういう趣味嗜好《しこう》をもった人が、どんな言葉で検索し、どのくらいの時間にアクセスしてきて、どんな場所をクリックしたくなるか」……といった、客観的な考え方なのです。

ある意味、「冷めた視点」で商品とユーザーの消費購買行動を見ています。だから、どの商品をよいと思うかという感性の部分より、俯瞰《ふかん》で客観視するような姿勢がアフィリエイトで稼ぐには必要なのです。

私が普通にスクスクと育っていたら、こうはならなかったかもしれません。客観的な視点は、私が生まれ持った性格的なものかもしれないけれど、ひきこもっていた時代に自分と対話していたからこそ、身につけられたのかもしれないと思います。

ひきこもっているころは、自分が他者からどのように見られているかが気になったときに、「あんたのことなんか誰も見てないよ」という冷めた目線をもって、「やっぱり外に出てみよう」と思ったこともありました。客観的な視点を取り入れることで、内向きな心を外に向けることができたのです。

ブログでも同じです。「あんたのブログなんか誰も見てないよ」という冷めた目線がないと、アフィリエイトで成功することは難しいと思います。「私が好きなものを紹介しているから見て！」という、「私」ばかりを推してくる話は、消費者からすればどうでもいいこと。それをどうやって、人の役に立つものにするかということを考えないと、広告としての役割は果たせません。

ひきこもりの過去を変えることはできませんが、その時期にした経験や考えたことを少しでもプラスの方向に転化することができたなら、ひきこもりの時期のとらえ方を少しは変えることができるかもしれません。

何がきっかけになるかは、アクションしなければわからない

私がひきこもり期や、それに準ずる20代の苦しい時期から脱出できたのは、いくつかのきっかけがありました。パソコン講習、『金持ち父さん……』の本、母の通信販売購入……そうした日常の些細な、何でもないようなワンシーンが、あとで考えてみると、小さなきっかけになっていたのだなと思います。

もちろん、そのときには「これがきっかけになる!」なんて思えません。何がきっかけになるかは、誰にもわからないのです。きっかけにするのは自分です。だから、きっかけを見つけるには、とにかくアクションを起こしてみるしかないのです。職業訓練所に行ってみる、ブログを書いてみる、本を読んでみる……なんでもいいのです。

アクションをしないまま死んでいくのはもったいないと思うのです。死のうと思っているひきこもりの人は多いと思いますが、私も同じでした。ひきこもっていた高校生のころ、40歳になったら死のうと考えていました。

なぜ40歳だったかというと、それくらいの歳になったら、〝そこそこ生きた〟から、

死んでも親はそれほど悲しまないだろうと思ったのです。いま思えば、そんなわけはないのですが、当時はそう思っていました。40歳はすごく遠い未来に思えました。

でもいま40歳になって思うのは、死ななくて本当によかったということです。歳をとるごとに自由になっていますし、毎日が充実しています。両親からも認められ、子どものころは褒められた記憶がありませんが、いまでは「たいしたものだ」と言ってくれます。

「死ななくていい、とにかく何かアクションを起こしてみては?」

同じひきこもりを経験した私が言いたいのは、この一言に尽きます。

第7時限目

ひきこもり対話学部　ファシリテーション学科

多様化するひきこもりの現状

カギは、親子の「幸せのかたち」をすり合わせる語り

ファシリテーター　さな

さな

1978年北海道生まれ。小学生のとき、関東から北海道へ転校し、いじめにあう。本来、明るい性格だったのに、それからは「ごめんなさい」が口癖に。社会人になり職場のコミュニケーションに悩んだことから、カウンセリングやファシリテーションを学び、本来の性格を取り戻す。

2014年秋から2019年春まで〈ひきこもりフューチャーセッション庵IORI〉にスタッフとして参加。また、ひきこもり当事者・経験者、家族、支援者による対話会を全国23か所（30回）でファシリテーションをしてきた。

2020年、ひきこもり経験者、発達障害をもつ仲間と、それぞれの「生きやすさ」を支え合う任意団体「ほのぼのシンジケート」を立ち上げる。

立場の違いを乗り越えて対話する〈庵《いおり》〉

私は〈ひきこもりフューチャーセッション庵IORI〉や、ひきこもり大学KHJ全国キャラバンでファシリテーターとして関わってきました。

ファシリテーターとは、会議や話し合いがよい方向に進むために、話の整理や発言をうながす声かけなどをしてサポートする役であり、英語のファシリテート(facilitate＝「容易にする」「促進する」)からきています。

ひきこもり当事者が集う場においてファシリテーターをつとめてきたことから、私が思うところを述べたいと思います。

私がひきこもり当事者たちと関わるようになったそもそもの発端は、〈庵〉でした。〈庵〉の名称にある「フューチャーセッション」とは、さまざまな関係者を集め、対話を通じて課題解決や新たなアイデアや、未来を創り出していく概念、および手法のことです。

つまりグループ討論のことで、あるテーマに沿って数人が一つのグループになって対話をする〈庵〉は、「ひきこもりが問題にならない社会」をめざして、ひきこもり当事者や家族、ひきこもりに関心のある人たちが、立場の違いを越えてお互いの思いを語り合う場として、２０１２年に生まれました。

この〈庵〉の立ち上げ期から参加している方が、私の知人と共同してワークショップを開催し、そのお手伝いをしたときに〈庵〉のファシリテーターとして声をかけていただきました。２０１４年のことです。以前からファシリテーターに興味があったこともあり、まずは〈庵〉に参加しました。

ただその反面、ひきこもりの当事者たちとうまくやっていけるだろうかという不安はありました。話すテーマが重そうだし、ひきこもり経験者と会ったこともなかったからです。

もっと正直に言うと、ひきこもりの人たちは、「人と話すのが苦手」で、「性格が暗く」て「オタクで」という、ステレオタイプなイメージを、私はもっていたのです。

誰かとかかわりたい当事者

２０１４年に初めて〈庵〉に参加してみると、いろいろな意味で衝撃を受けました。まず、思ったよりもよくしゃべる人が多いことです。引っ込み思案でシャイな人たちばかりかと思ったら、そうではありませんでした。

さらに、自分のことを語る人がこれまた多くいたことです。自分の悩み事、ひきこもりに関する持論、自分の親といかにうまくいっていないかなど。

いろいろなひきこもり経験者と話をするうちに、世間的によく言われる「怠け者」ではなく、「生きることに向き合い懸命に悩みもがいている人たち」だと思うようになりました。

実際に会ってお話ししてみて、いままでひきこもりの人に持っていたイメージがくつがえされました。とにかく、彼らは誰かと話をしたいし、話を聞いてもらいたいし、つまりは誰かと関わりたいのだなと思いました。私は、そんな彼ら彼女らの気持ちに共鳴するものがあります。

というのは、私自身も、いつひきこもりになってもおかしくなかったなと自分で思うからです。

私は父が転勤族だったため、子どものころはよく引っ越しました。小学校は3つ通いました。地域的には北海道の中・小規模の街を合わせて3か所、神奈川の大規模都市1か所と、かなり文化の異なる場所を転々としました。

転機になったのが小学6年生のとき。小学1年生から神奈川で生活していたのですが、このころ、両親の出身地である北海道に戻ることになりました。両親は大喜びでしたが、私は引っ越してから、カルチャーギャップに苦しみました。

神奈川の小学校ではみんな快活で、いじめもほとんどなかったのですが、北海道のとある街はずれの小学校に通うようになると、各クラスに2、3人いじめられている子がいたのです。その子の前で平気で悪口を言う生徒たちがいるのが衝撃的でした。

6年生の修学旅行先で、バスの移動で車酔いし吐いてしまったことがありました。そこから、私はそれまで仲良くしていたクラスのリーダー格の人たちから、あからさまに距離を取られるなど、いじめられるようになりました。神奈川の小学校ではどちらかというとクラスの中心にいたので、端に追いやられてしまったと感じ、気持ちが内向きになっていきました。

中学でも一部の人に陰口を叩かれたりして、どう振る舞っていいかわからず、つらくなることがありました。中学・高校まで北海道で過ごしましたが、学校のような集団生活には最後までなじめず、好きではありませんでした。周囲の同調圧力のようなものに息苦しさを感じていました。

学校以外の選択肢があればよかったのにと、時どき思うことがあります。だから、ひきこもりの人の気持ちもわかるような気がするので、〈庵〉のファシリテーターは性に合っていたのかもしれません。

多様化するひきこもりの現状

私の子ども時代と違って、いまは学校には無理して行かなくてよいという雰囲気にはなってきました。けれど、不登校やひきこもりになったその先の人生のロールモデルが、まだまだ多くない、あるいは、まだ十分に広がっていないことで、先が見えにくいことが課題になってきているように思います。

ひと口にひきこもりといっても、いまは多様化しています。中学・高校からずっと不登校で、そのままひきこもりになった人、中学・高校はなんとかやって大学受験に失敗してひきこもった人、就職に失敗してひきこもった人、就職したけど職場が合わずに離職してひきこもった人など、さまざまな人がいます。

たとえば、一度就労したことがある人と、一度も就労したことがない人とでは、人生に対するスタンスというか、認識がまったく違うと思います。前者は、就労は生きる手段の一つとしてとらえているように思えますが、後者の人は「ひきこもりから脱すること＝就労」という枠組みを押しつけられていると感じているように思います。就労したことがない人からすると、一度でも就労した人が何か言うことすべてが、上から言っているように感じられるのかもしれません。

就労したことがある人からすると、そんな気はさらさらなくて、就労したことがない人の思い過ごしなのだとは思いますが、「本当は人並みに働きたいのに」といった複雑な思いがあるから、そう感じられてしまうのかもしれません。

またひきこもり経験者で就労している人たちには、「就労できてよかったね」と周囲は思うかもしれませんが、働くことで生じるそれぞれの悩みがあります。

できれば、これらの人たちを、ひきこもりとしてひとくくりにするのではなく、その人たちの置かれた状況や状態に応じて分けて考え、支援するのがいいと思います。きめこまやかに必要な対応をしようとするときには、区別はしなければいけないと思います。

ひきこもりは多様化しているとはいえ、通底しているものもあると思います。それは、いまの世の中の生きづらさをまともに受け止めてしまっているところです。これには、同調圧力や、出る杭《くい》を打つなど、異質なものに対して不寛容な社会の問題と、そうした社会規範のようなものを、真面目で繊細であるがゆえに、正直に考えすぎてしまっている当事者の気質によるところの、両面があると思います。

〈庵〉を通して自信を得ていく

〈庵〉は東京都内で開催されることが多いのですが、遠方からも当事者やその親たちがやってきます。当事者にとっては、電車に乗って〈庵〉の会場まで来ること自体が難しいと感じる人もいます。

〈庵〉で他者と話すことは、コミュニケーションを取る練習になります。「こんなことを言っても意外と平気だった」という小さな成功体験を積み重ねることで、少しずつ自信をつけていく方もいるようです。

〈庵〉では5〜6個のテーマを設けて、テーマごとにテーブルを用意してファシリテーターの進行のもと話を進めます。話したくない人は話さずに、ただ聞いているだけでもOKです。ですから、人が複数いる場にいられただけで少しの自信を得て帰る人もいます。

〈庵〉はフューチャーセッションという対話の場であり、意思決定や合意形成のためだけの話し合いではなく、参加者が主体となって未来を創造していくという意図が込められています。

ですから、〈庵〉での対話には、意見が正しいか間違っているか、よいか悪いか、優れているか劣っているかは問われません。誰もが意見を発することができる、自由な対話の場なのです。

一方、対話や交流会ではあまり話をしないけれど、運営ではこまかなことを手伝ってくれるひきこもり当事者の人もいます。これは立派なコミュニケーション能力ですから、〈庵〉を通して人と一緒に何かやるというその練習の機会にしてくれたらいいと思います。

手伝ってほしいと声をかけると、喜んでやってくれるひきこもり当事者の人たちがたくさんいます。手伝ってくれると、「それいいね」とか「ありがとう」とか、本心から肯定したり、感謝したりする言葉が相手から出てきます。そういう場がたくさんあると、自信が生まれていくはずです。〈庵〉は、そういう場としても機能していると思います。

親を支える支援者が必要

もう一つ、今後の課題としては、ひきこもり当事者の親に対する支援者が必要だと思います。ひきこもりが多様化していることを理解して伴走してくれる人です。

ひきこもりの親が集まる会で話を聞いていても、不登校からひきこもりになった人の場合や、長期にひきこもってしまう場合だと、なかなかそこから社会に出るのは大変なようですが、30代くらいまでに家族が家庭の中にとどめておかずに、オープンにして相談したり、学びの場に出てきたりしていると、ひきこもりが解消された事例が出てきています。長期になる前の早い段階で、「うちの子はひきこもりで」と言ってオープンにしていくことが大切です。

学びの場とは、たとえば〈庵〉のような対話の会です。〈庵〉に似た対話の会が全国で行われるようになってきていますから、そのような場に出て、ひきこもり経験者の話を聞いたり、逆に自分の話を聞いてもらったりするのです。

ある会で、子どもがひきこもりになった2人の母親と話をする機会がありました。その場にはひきこもり経験者も数名いました。母親たちは、息子たちはほしいものがあったときだけ要求してくるので、それに応えている。けれども、自分の対応がこれでいいのかわからないとつぶやいていました。

そこに、ひきこもり経験者が、「要求してくるだけいいじゃないですか」と返したのです。そこで母親はハッとしたようでした。視点を変える言葉が当事者にはあります。当事者として、「そんなやつのいいなりにならなくていい。お母さんは甘いんですよ」とも言っていました。これを当事者が言うから意味があります。その母親は表情が明るくなって、最後には「こんなことをやってみようと思う」という前向きな発言をしてくれました。

当事者の話はとても大事だと思います。一人の当事者の意見が、別の人に適応するとは限らないけれど、少しは考えるきっかけになるのかなとは思うのです。

また、他の家の出来事がヒントになることもあります。

親が集まるテーブルを担当したときのことです。40代のひきこもりの子どもをもつ親が、子どもが食事のときしか出てこないと言います。その親は今後のことを考えて、子どもとお金の話をしたいと言いました。

それを受けて、別の母親が話をしてくれました。その家庭では、あるとき母親がお金の不安をぽろっと子どもにこぼしたところ、自分が責められていると思った息子の逆鱗《げきりん》にふれて大ゲンカになったと言います。

しかし、さんざん衝突した結果、最終的に「だったらオレ働くよ」となったのだそうです。その母親は、それまではお互いに心の底にあることは口に出せなかったが、勇気を出して話し合ったのがよかったと言っていました。それを聞いた最初の母親は、「あきらめないで子どもに言おうと思う」と決意したようでした。

ひきこもりが長期化すると、ある意味、その状態で安定してきます。それを破るのはお互いに怖いのですが、そのままでは先に進めません。破ろうとするときには支えが必要で、第三者にあいだに入ってもらうことも場合によってはよいと思います。

どう生きたいのか、親子で話し合ってみる

現実的に考えて、お金の壁にはどこかで必ずぶつかります。ただ、お金の話の前に、お互いに対する思いを話す段階が必要だと思います。要は、お互いがどう生きたいのかということを、腹を割って打ち明け合うことです。

親に対する子の思い、子に対する親の思いが話されたあとに、お金の話をすることです。お互いどうしたいかがあってこそ、必要なお金の額が見えてくるからです。

関係が壊れるのが怖くて、親子がお互いに遠慮して、踏み込んだ話ができないのだと思いますが、関係は壊れるのではなく、新しい関係になっていくものです。変わったあとどうしたらいいかわからないから、お互いに怖いのでしょう。

ひきこもり当事者がいて、膠着《こうちゃく》状態になっている家族、ある意味で安定してしまっている家族は、一見、困りごとがなくなっています。でも、人間、困りごとがある

から行動せざるを得ない場合もあります。

困りごとをどうつくり出すか。たとえば一時的に子どもと別居する。すると、子どもは自分で食事を用意しなければならなくなって買い物に出るようになります。

また、家計の状況を伝えたうえで、無理して本人に渡していたお金を適切な金額にしていくとか。そうした困りごとがきっかけになることもあります。

どんな対応をするにせよ、やはりどこかで親子がお互いにこれからどういう人生を生きたいかを打ち明け、「幸せ感のすり合わせ」をしないと、親と子はどこまでいってもすれ違いか、平行線のままです。

親は問題だと思っていても、もしかしたら子どもはひきこもりの状態が幸せと思っているかもしれませんし、その逆のケースもあるでしょう。ただ、自分が思っていた幸せのかたちと、人生を苦しみながらも生きていくなかで「これが私の幸せだったんだ」と気づく幸せのかたちと、両方があります。後者の幸せのかたちに気づくためには、人と交わっていないと見えてこないと思います。

いまの高齢者が歩んできた人生と、これから人生の大半を生きようとする人のロールモデルが明らかに違ってきています。家族のかたちも、幸せのかたちも多様化してきていて、しかも世間が、いろいろな家族や幸せのかたちを認めるようになってきているのではないでしょうか。

だからこそ、世間の規範に沿って生きるより、自分が生きたい人生を追いかけてみればいいと思うのです。そして、簡単ではないかもしれませんが、それが案外できてしまうのが、いまの時代なのだと思います。

（インタビューでまとめていただいた原稿に加筆・修正しました）

第8時限目

発達障害学部　ピアサポート学科

ひきこもりの多くは発達障害の可能性がある

自分を客観的に知って工夫することで問題は小さくなる

Neccoカフェ　金子磨矢子

金子磨矢子（かねこ・まやこ）

発達障害やひきこもり経験者のための場所として「Ｎｅｃｃｏ（ネッコ）カフェ」を２０１０年にオープン。自身の発達障害について調べていくうちに、ひきこもりをつづける人の中にも発達障害をもつ人が多くいることを知り、ひきこもり経験者と関わるようになる。

その後、池上正樹氏と出会い、同じ区民で発達障害をもつ川初真吾氏らが始めた〈フューチャーセッション庵ＩＯＲＩ〉や、寅さん発案の「ひきこもり大学」の運営にも関わるようになる。

発達障害の人たちが集うカフェ

東京・西早稲田のビル２階に、発達障害の人のための場所「Ｎｅｃｃｏカフェ」がある。スタッフは全員、お客さんもほとんどの人が何らかの発達障害やひきこもり体験をかかえる当事者という、ユニークなカフェだ。この店をつくったのは、自身も当事者である金子磨矢子さんである。

２０１０年にできたこのカフェに訪れる発達障害の人たちと接しているうちに、ひきこもりをつづける人たちの中にも、多くの発達障害をかかえる人が多くいる。そこから金子さんは〈庵《いおり》〉を通じて、ひきこもりの人たちに寄り添う活動を始めた。

「自分が発達障害と知ったときの感動は忘れられない」と金子さんは語る。自分の不《ふ》甲斐《がい》なさは、努力不足でも、怠惰だからでもなく、生まれもった特徴のせいなのだと気づいたからだ。

「ひきこもりのきっかけとなった出来事が、もし発達障害であるがゆえに起こったものだったとしたら、よりよく自分を知ることで自分を認められるかもしれない。それは、新たな道に踏み出す一歩となる」

こんな金子さんの言葉から、「自分を客観的に知る手段の一つとしての発達障害」を学びたい。

【金子さんは語る】
ひきこもりの大多数は発達障害、またはグレーゾーン

発達障害の人は、日本では人口の1割ほどと言われています。しかし、ひきこもりのうち、なんらかの発達障害をかかえている人が相当多いと、私は考えています。

ひきこもりは、不登校、入試や就職活動の失敗、社内の人間関係がうまくいかない、仕事ができないといったことがきっかけとなって起こると言われています。こうしたことが、発達障害が原因で起こっているとしたらどうでしょうか。

そもそも発達障害とは、脳機能の発達のアンバランスさから、その人が過ごす環境や人間関係になじめず、社会生活に支障をきたす障害とされています。

社会的には2005年に「発達障害者自立支援法」ができ、さらには近年、この法

律が改正されて、生涯にわたって切れ目のない支援が受けられるようになりました（２０１６年8月1日施行）。

発達障害は、大きく分けてＡＳＤ（自閉症スペクトラム障害、自閉症、アスペルガー症候群）、ＡＤＨＤ（注意欠如・多動性障害）、ＬＤ（学習障害）の３つに分類され、さらにトゥレット症候群、吃音《きつおん》なども含まれます。

これらが原因となって、不登校、入試や就職活動の失敗、社内の人間関係がうまくいかない、仕事ができないといったことが起こり、自信を失った結果、ひきこもりとなっていく人が多いのではないかと思います。

発達障害の著名人はこんなにいる

じつは、私も発達障害の当事者です。初めて自分が発達障害だと知ったときの感動は忘れられません。自宅最寄りの駅前の書店で、『のび太・ジャイアン症候群』（司馬理英子著、主婦の友社、１９９７年）という本を見つけたのがきっかけでした。

読んでみて、本当にびっくりしました。「これは私のことではないか」と思うほど、発達障害の要素が、私にぴったり当てはまったからです。まさか私のような人がこの世の中にほかにも存在していたとは、思いもよらないことでした。うれしさのあまり何度もこの本を読み返したことを覚えています。

その日から私の人生は一変しました。それまでの私は、「自分が他人と同じようにできないのは、自分自身の努力不足のせいなのだ」「自分はダメでみんながエライんだ」と思っていたのです。

そして調べてみると、私たちが知っている著名人にも、発達障害をかかえている人がたくさんいました。アインシュタイン、レオナルド・ダ・ヴィンチ、エジソン、モーツァルトなど過去の天才たち。現代ではウォルト・ディズニー、ケネディ大統領、ビル・ゲイツ、スティーブ・ジョブズ、ジョン・レノンなども発達障害だといわれています。

日本では黒柳徹子、作家の市川拓司、フリーアナウンサーの小島慶子、歌手の米津《よねづ》玄師《けんし》、楽天の総帥《そうすい》・三木谷浩史、評論家の勝間和代などがいます。

じつはカミングアウトしていなくても、発達障害の人はかなり周囲にいるのです。

発達障害は先に挙げた特徴をもつため、学習や就労などに支援が必要なので、ある一定のラインで線引きして発達障害の診断をつけなければならないのですが、誰もがそうした傾向をもつのであって、発達障害かどうかは程度の違いでしかありません。

発達障害の診断が下されなくても、誰にでもＡＳＤ傾向、ＡＤＨＤ傾向があると考えてください。その程度が強い人が発達障害と認定されているだけなのです。

発達障害は一人ひとりが違う特徴を持っていて、大雑把《おおざっぱ》に似た者同士で分類することはできますが、実際は１００人いれば１００通りのタイプがあるのです。

精神科医によって見解が大きく異なるので、誤解を恐れずに言えば、診断は医師の主観で決まるのです。ですから、発達障害の診断を受けないグレーゾーンの人が大勢いるのです。

先に挙げた発達障害の特質は、見方を変えれば長所にすることができます。たとえば、「神経質」は完璧主義であり、「ばか正直」はまじめ、しつこいは「粘り強い」とか「集中力がある」という評価になりえます。

こうした自分の発達障害を単なる特徴ととらえ、強みに変えていける人は、先に挙げた著名人のように、社会で活躍することができます。活躍していれば、その他のマイナス面は覆い隠されてしまい、周囲から問題にされることもなく、「ちょっと変わった人」というくらいの認識で、周囲から受け入れられていくのです。

アスペルガー症候群率上位の大学は、東京大学、京都大学だという説もあります。大学教授、医師、弁護士などの職業にも多くいます。社内でのコミュニケーションがうまく取れずに、会社員として働くことができない人でも、経営者として成功することもあります。好きな仕事をとことん極めたいという人が能力を発揮すれば、優れた研究者になったり、職人や名人になったりするのです。

発達障害がもとで精神障害になるケースも

ただし、特徴を強みに変えていける人ばかりではありません。強みにすることができても、それが仕事上で評価されるか、収入に反映されるかというと、また別問題です。社会に寛容さがなくなってきている背景もあり、発達障害の人の中には特徴を問題視されたり、仕事ができない人といった烙印《らくいん》を押されるなどして自信を失い、ひきこもりになっている人が多くいるのではないかと思います。

発達障害の何が理由となってひきこもりになるのかは、人それぞれです。仕事上で叱責《しっせき》されると、もう仕事ができなくなってしまう。繊細であるゆえに、他の人が些細なことととらえる出来事を過大に受け取ってしまい、落ち込んでしまうこともあります。怒られてもいないのに、申しわけないという気持ちが大きくなりすぎてしまい、「こんな自分がいてはまわりに迷惑」と仕事を辞めてしまう人もいます。

発達障害をもつ人の中には、精神状態を悪くした人も多くいます。生まれたときから育てにくいと感じた親が厳しくしつけをすることで、子どもは自分を肯定的にとらえることができなくなってしまいます。そして神経が過敏なところと、鈍麻《どんま》なところの両方を持ち合わせているため、日常生活でも不適合を起こします。そういったことから、学校生活になじめないばかりか、いじめの対象となり、社会に出てからも仲間外れにされたり、いじめを受けて精神的に追い詰められるといったケースが、よくあります。私自身も睡眠障害やうつを経験しています。

自分の特徴を知り、工夫する方法を探す

近年、発達障害者が増えてきているといわれています。それは、やはり発達障害の

診断や支援が広がってきたからです。自分にも発達障害の傾向があるかもしれないと感じた人は、カミングアウトをするかどうかは別にして、検査を受けてみることをおすすめします。私の場合、高機能広汎性《こうはんせい》発達障害という診断名がつきました。

自分の特徴を客観的に知ることは、大切であると同時に面白いことです。自分のタイプを知っていることで、より生きやすくなるからです。

「○○という特徴があり、○○に苦労しています。でも、それを自覚して、生活の中で工夫することを学びました。たとえば、○○で困るときには、事前に○○しておく」、という具合です。いまでは自分の発達障害とうまく付き合っていけているのではないかと思います。

たとえば、学習障害のうちディスレクシアと呼ばれる識字障害をもつ人の場合、色つきフィルムを通して文字を見るだけで、よく読めるようになる人もいるそうです。個人個人によって「字が落ち着く」色が違うといいます。それがわかっていれば、苦労しなくてすみます。

要は、発達障害の人もそうでもない人も、客観的に自分の特徴を知っておくことはとても重要だということです。

「ひきこもり」との出合い

私は自分が発達障害と知ってから、ＳＮＳを通じて同じ発達障害の人たちと交流するようになりました。そのＳＮＳには発達障害のコミュニティがいくつかあり、オフ会と呼ばれる交流会を東京や大阪で開催していたのです。そこへ全国から同じような特徴をもつ人たちが集まってきました。夜行バスを使って強行軍で参加する人もいました。

会って話をしてみて、「苦しいのは自分だけではないのだ」と思えることが、発達障害の当事者たちの癒《いや》しになっていたからでしょう。

当初は居酒屋やファミレスで待ち合わせて、テーブルを囲んで話をしていましたが、そのうちもっと静かなところでゆっくり話したいということになり、公民館や地域交流センターなどの会議室を予約して会を開くようになっていきました。

はじめはお菓子を持ち込んでお茶を飲みながら話す茶話会形式だったのが、徐々に自分たちで調べたり、研究したりすることを発表する勉強会形式に移行していきました。当事者の望みはいつでもふらっと行って情報を共有できる場所なのだと考え、常設の居場所をつくることを模索するようになりました。

さまざまな方々の支援を得て、1年がかりで現在の場所に「Ｎｅｃｃｏカフェ」をオープンさせたのが、２０１０年のことでした。毎日正午から18時のカフェタイム、18時以降はフリースペースとして開放し、年中無休としました。以来、10年の月日が流れましたが、コロナ以前には毎日数十人のお客さんが訪れてくれました。

その中にはひきこもりの人がいて、カフェをやっていくうちに、ひきこもりの中には発達障害の人が相当程度いるということがわかってきました。ひきこもりを扱う関係者と知り合うようになり、〈ひきこもりフューチャーセッション庵ＩＯＲＩ〉に参加するようになっていきました。

〈庵《いおり》〉では「発達障害とは何か？」から始まって、「発達障害とひきこもり」「発達障害と就労」といったさまざまな話題のテーマオーナーとなって、当事者や元当事者、当事者の親たちとで対話を繰り返してもらいました。

こうした活動に加えて、家を出なくてはならなくなった発達障害やひきこもりの人たちのための住居として池上正樹さんが２０１４年に設立したシェアハウスの運営にも携わっていました。その利用者の中には、親から高額なお金（５００～８００万円か、それ以上）を取り、本人をほぼ監禁状態にする悪徳な〝引き出し屋〟から命がけで脱出してきた人たちも数人いました。数日何も食べていなかった人、垢《あか》でどす黒かった顔がお風呂に入ってきれいになった人もいました。

彼らの実際に被害にあった情報により、やっと施設に捜査が入り、ニュースでも報道され悪徳業者が判明したのです。施設は即座に倒産となりました（おそらく計画倒産）。

このシェアハウスは２０１９年に役目を終えて解散となりました。騙された親もそうですが、監禁された本人たちが負った傷の深さは計り知れません。今後、こうした悪徳業者の実態は、彼ら彼女ら自身の口から語られることになるでしょう。

認めてしまえばラクになれる

〈庵〉にはひきこもりの親御《おやご》さんたちが、よく集まってくれます。ところが、その親御さんたちは「発達障害は他人事だ」と思っていて、自分の子どもを発達障害だと認めたくない人が多くいます。「うちの子はただ引きこもっているだけなんだ」という人は、本当に多いのです。発達障害に対する認識が薄いというよりも、知らないのだと思います。

「障害」と名がつくことから、「我が子を障害者にしたくない」という思いがあるのかもしれません。障害者に対する偏見があると、そういう発想になってしまうのでしょう。

私は精神障害の家族会にも参加しているのですが、そこで親たちは新しい人の話を聞き、「病気が重いのは大変だけど、ひきこもりになっているわけじゃないんでしょ、それならいいじゃないですか」と言ったりします。

ひきこもりのほうの親は「うちの子は障害者じゃない」と言い、精神障害のほうの親は「ひきこもりでないならまだいいじゃない」と言うのです。慰めのつもりで言っているのでしょうが、私から見れば「どちらも認めてしまえばいいし、どっちでもいい」と思ってしまいます。子どもが障害者かどうか、ひきこもりかどうかより、本人がどうやって充実した人生を送っていくかのほうが重要であるはずです。

いったん認めてしまえば、私のように、ラクになる人は多いのです。実際、私のまわりにも発達障害の診断を受けて「気がラクになった」「ほっとした」という声がよく聞こえてきます。

誰もが傾向としてもっている単なる特徴や違いとして発達障害をとらえることができれば、自分を発達障害と認めてしまったほうが前向きに人生を歩んでいけるに違いありません。それが、ひきこもりから復活する一つのきっかけになるかもしれません。

自分の「できること」や「よい側面」に着目する

発達障害でない人は、たまにミスをします。ところが、ミスばかりする人、ミスをまったくしない人、どちらも発達障害の可能性があります。そこそこにミスをするのが人間なのですが、仕事上ではミスがないほうがいいでしょう。そうだとすれば、まったくミスをしない側面に注目して、そこを社会にいかに適合させていくかということを考えるほうがいいと思います。ミスばかりする人も、別の仕事ならミスしないかもしれません。

私たちの人間社会は、文明が生まれたころから得意なことを持ち寄ることで豊かになってきました。そうやって助け合ってきたからこそ、いまの豊かな社会があるのです。だから、自分ができないことではなく、できることに着目することが必要です。それはつまり、「他人と違っていてもいい」ということでもあります。

発達障害の人にとって、人と同じことが是《ぜ》とされる日本はとても暮らしにくい国かもしれません。大半を単一民族で占める日本では、他人は自分と同じであってほしい、同じであるべきだという意識が無意識にはたらき、排他的になってしまうのです。

場の空気を読むことが正しく、自分の意見をストレートに言うことは好まれません。日常的に交わされる社交辞令やお世辞が、発達障害の人にはどれが真実かどうかわかりません。いってみれば、そうでない人にとって発達障害の人は外国人に近いのかもしれません。ちょっと変わっているところもあるけれど、それも含めて尊重し合える社会は、すべての人にとって優しい社会になるはずです。

本人のせいでもない、親のせいでもない

発達障害は遺伝によってそうした特質を得たというだけのことで、眼が一重か二重

かの違いと同じです。二重でないからといってそれを悲観してもしょうがない、というのと同じです。この自分で生きていくんだと、いい意味であきらめることです。

生まれもったものは、自分の責任ではありません。本人は自分の努力が足りないと思う必要はないわけですし、親は自分の育て方が悪かったと思う必要もありません。

それに、大人になるにしたがって、脳の発達にバランスが取れるようになり、問題が徐々に解消されていくこともありますし、すでに述べたように、自分の特徴をみずから学んでそれに対応する方法を工夫して獲得できていくようにもなり、生きるうえでの大変さはどんどん軽くなっていきます。

私自身は、ひきこもり自体は悪いことだと思っていません。「ひきこもれる部屋があるくらいなのだから、いわばプチセレブなのだ」と考えることもできます。

しかし、それで幸せではないと感じている自分がいるなら、自分を客観的に知り、何が苦手で何が得意なのか考えてみることをおすすめします。それで発達障害っぽいところがあるなら、医師に診断してもらってもいいでしょう。

自分が発達障害だとわかったら、Ｎｅｃｃｏカフェのような場所に集まり、同じような特徴をもつ人と会って話してみてはどうでしょうか。私はそういう居場所をこれからも運営し、「あなただけではない」ということを伝えたいと思っています。

2020年春から、日本にも新型コロナウイルスが感染拡大しました。緊急事態宣言が出されて日本じゅうがひきこもり状態になり、一部の不登校やひきこもりの人にとっては「堂々とひきこもれるようになった」との声も最初のうちは聞こえていましたが、長引くにつれ、家族との関係が日に日に悪化しているようで、悲鳴が聞こえてきています。

当事者会やイベントも中止がつづいており、もう大人数のイベントはできないのかと危惧《きぐ》しています。100人規模の〈庵〉も「ひきこもり大学」も経験できた私たちは幸せだった……と懐かしむ世界にならないことを、切に祈りたいと思います。

第9時限目

セルフヘルプ学部　アダルト・チルドレン学科

「子ども時代」と「家族」の視点から
ひきこもりを問い直す

「ひきこもり」を人生の糧《かて》にするために

ひきこもりサバイバー　中田和夫

中田和夫（なかだ・かずお）

1970年生まれ。

大学卒業後に入社した会社を1か月で退職し、その後20年余りを療養と就労のためのリハビリに費やす。「自分は社会に適応できない」という思いから、数か月単位で家から外に出られない時期を、何度か繰り返す。

精神科通院やカウンセリング、自助グループへの参加などを経て、少しずつ就労の機会を増やしていき、40代で再就職を果たす。

その後、ひきこもり当事者会や家族会での企画や運営に関わり、体験発表などの活動を行っている。

家族の問題、自分の問題、そして回復へ

私は20代から30代前半にかけて、うつ、対人恐怖、出社拒否の悩みをかかえ、社会にうまく適応できずにいました。なぜこんなに生きるのがつらいのか、この苦しみからなんとかして逃れたい、そうした思いから、さまざまな場所（医療や相談機関など）につながり、紆余曲折《うよきょくせつ》を経て、いまでは一応回復したと思える位置にいます。

今回は、私のこれまでの歩みと、その中で私が考えたことについて、主にアダルト・チルドレン（ＡＣ）という言葉をキーワードにして、お話ししたいと思います。

子ども時代の私は、小学校から中学、高校と、特に問題もなく過ごしていました。いわゆる優等生タイプで、勉強がよくできる一方、おとなしくて気が弱く、引っ込み思案という性格でした。不登校があったわけでもなく、またいじめを受けていたということもありませんでした。

ただ、小学校時代から、何となく周囲になじめないという思いをかかえていました。

対人恐怖症とまではいかなくても、人が怖《こわ》いという思いもありました。けれども、学校に行っているうちは、何といっても勉強さえできればなんとかなるので、この時代には、私自身は特に困難を感じてはいませんでした。

私の生育歴の中でもっとも大きな出来事は、両親の離婚です。

もっとも、それは私が生まれてから半年後の出来事だったので、私の記憶の中には、何もありません。

離婚後、母は実家に戻り、父は仕事の都合で一人暮らしとなって、私は父方の実家にあずけられました。私が小さいころは、おまえのお母さんは小さいころに病気で死んだと聞かされており、私もそれで特に疑問ももたずに過ごしていましたので、そのことがトラウマになることはありませんでした。

私の記憶にある家族とは、私と、父方の祖父母、そして叔母の4人でした。父は、あまり子どもの養育には関わらない人でした。もともと私の住む実家にもあまり帰ってこなかったので、ほとんど父親不在でしたが、これは心理的な意味でも当てはまりました。

私の心の中に、父という存在はないのも同然でした。しかしこれも、当時の私にとっては、そんなもんだ、というくらいの認識でした。

というわけで、ほとんど両親が不在の家庭で育ちましたが、私にとっては祖父母が親代わりで、何の不都合も感じてはいませんでした。こうして、高校に入るくらいまでは、わりとのんびり暮らしていました。

しかし高校何年かのあるとき、母とは、じつは死別ではなくて生別《せいべつ》だったということを知りました。

当時は単純に「じゃあ、お母さんは生きているのか、それならいまどこでどうしてるの」という疑問をもったのですが、母親代わりの祖母に聞いてみると、「おまえの母親は、おまえを捨てて出て行ったんだぞ、そんな人間のことをいちいち聞くのか」と怒られてしまいました。

それ以来、家の中で母の話はタブーになり、何も聞けなくなってしまいました。

しかしそのときも、特に自分の中で心の傷になったという意識はありませんでした。そのころから大学受験の準備が始まったこともあって、母の存在は心の底に沈んでいき、そのうちに意識しなくなりました。

大学入学で感じた違和感

平穏だった私の身のまわりの事情が変わってきたのは、大学に入ってからです。新入生歓迎会やサークル活動などの場で、他人の眼を意識しはじめ、人が怖いと思うようになりました。

それまでも、人が怖い、何となくまわりとなじめないという思いはありましたが、それが何倍にもなって自分を責めさいなむというような感じでした。そこで初めて、対人恐怖という問題を認識しました。私の場合は、特に女性が怖いのです。私が通っていた中学・高校が男子校だったせいもあったかと思います。

大学での居心地が悪くなり、講義をずるずると休むようになりました。私が入学したのは文系の学科だったので、出欠を厳しく確認することはなかったため、出席しなくてもなんとかなるという思いもどこかにありました。

高校までだと「不登校」といって騒ぐのでしょうが、大学生にもなると、講義に出席しないくらいでは、まわりの人もあまり騒ぎません。それをよいことに、ちょっと気が向かないと、簡単に休んでしまうようになりました。

そんなときは、喫茶店に入って本を読んだり、通学の途中で電車を降りて散歩したり、元気がないときには一日じゅう家にこもってごろごろしたりしていました。いまから思えば、このころからひきこもりという状態に近くなっていました。

それまでの私は、「おとなしくて真面目で勉強のできる優等生」というイメージで、高校までは「自分はこれでいいのだ」と肯定できていました。しかし大学に進学し、周囲の人たちが自由で活発な友達づきあいをする中で、勉強や学校の成績という要素以外にも、対人関係や、豊かな人間性が必要なのだということを、自分なりに意識しました。そうなると、自分に自信がもてず、他人の眼が気になりはじめて、講義にも出られなくなるというかたちで問題化したのだと思います。

当時の私は、「大学の講義を休みつづけることはよくないこと」であり、なんとかして解決しなければと感じていました。そのころ読んだ本の中に、「スチューデント・アパシー」という言葉を見つけました。

スチューデント・アパシーとは学生無気力症といい、ぼんやりと毎日を過ごすことで、高校生から大学生に見られるもので、比較的順調に生きてきた人に多い症候群です。「自分はまさにこれだ」と思いました。しかしそのときは、まだどこかに相談しに行くなどの具体的な行動はとらずにいました。

入社1か月で退職

講義をさぼりがちではありましたが、なんとか最低限の単位は取り、卒業できました。また人並みに就職活動をして、内定ももらいました。

しかしそこで精根尽き果ててしまったのです。それまでは、ほかの人に遅れないようにとの思いから、必死についていこうと頑張っていたのですが、内定をもらい卒業した時点で、もうこれが限界だ、この調子では入社しても会社ではつとまらないだろう、と感じました。そしてそれが現実になってしまったのです。

入社式を済ませ、新人研修に入った時点で、つらくて出社できなくなり、結局1か月で退職してしまいました。その前後の時期は、とても落ち込んでいて、自分でもこれは病気だとはっきりわかっていました。

当時は、男は最初に入った会社で定年まで勤めるのが当たり前、という時代なのだと自分で思っていました。それなのに、私はわずか入社１か月で辞めてしまい、これからどうやって生きていけばいいのだろう、と途方に暮れました。

また、死にたい気持ちにさいなまれて、何もする気力がなくなり、一日じゅうふとんをかぶって寝ていました。こうした状態が２か月ほどつづきました。その後は、死にたい気持ちはおさまり、外出はできるようになったものの、うつ状態は長くつづきました。

死にたいほどに苦しかったので、最初に精神科のクリニックにかかりました。うつ病という診断名がつき、薬を処方してもらって飲みましたが、私の問題は薬を飲んで治るようなものではないと考えていました。私の悩みや苦しみについてじっくりと話を聞いてほしいと思ってクリニックに行ったのですが、薬の処方だけだったので、物足りなさを感じました。

本格的にカウンセリング開始

そこで、精神科通院を始めたのと同じ時期に、カウンセリングも始めました。当時は、いまと違って、カウンセリングというものは一般にはなじみがなかったので、カウンセリングで何をやるのかもよくわかっていませんでした。私は「悩みごと相談」のようなもので、私が相談したことに対して先生が回答をしてくれるところと考えていました。

初めてカウンセリングの場に行ったときに、こんなことを言われました。

「あなたは、ここに答えを聞きに来ていますね。まるで先生と生徒みたいに。ここは答えを聞きに来るところではありません。頭で対処しようとしても役に立ちません。自分の本当の気持ちに気づくことが大事なのですから、そちらのほうをやっていきましょう」

こう言われて、それまでの私の努力が全部無効になったような衝撃を感じました。私はそれまで頭で考えることが得意だったので、理詰めで考えて解決しようとしていたのです。

一方で、本当は自分がどう感じているのかという感情面がおろそかになっていました。むしろ、感情がマヒしてしまったせいでうつになった、といまでは思います。これはこうすべきだとか、頭の中で考えて理性や理屈で押さえつけるのではなく、心の中の本当の感情に気づいて、それを語るということが大事なのだということを、最初にカウンセラーさんから言われたのです。

そう言ってもらえたので、それまで真面目な優等生として生きてきた私が、初めて人前で本当の気持ちをさらけ出したのです。

これは私にとってとてもありがたいことでした。自分の中にある、こんなことを言ったら恥ずかしいというような本音を出してもいいのだと思えたし、それを聞いてもらえるのだという体験をして、とても心がラクになったからです。

このことが自分にとっては回復に向かう大きな第一歩でした。ただ薬を飲むだけよりも、自分のつらい気持ちを誰かに話して聞いてもらったことのほうが、効果は大きいと思いました。

母の存在に気づく

カウンセリングの中でだんだん浮かび上がってきたのが、母のことでした。当時の私の内面では、母という存在はまったくなんにもない状態でした。母が死別ではなく生別だと知らされたあとでも、そんなことは話すなと押さえつけられていたので、自分の中では意識すらしていなかったのです。

あるとき、「どうしてお母さんを捜さないの？」と聞かれたことがありました。私にとっては場違いというか、予期せぬ質問だったので、思わず、「なんでわざわざ母を捜さなければならないんですか」と答えてしまいました。

いま振り返ると、とてもちぐはぐな感じがしますが、その中に、私がかかえていた〝うつ〟や〝人となじめない〟という問題の根っこがあったのだと、いまでは思います。

自分にとって大切な存在なのに、心の中からすっかり存在を消していたという不自然さ、そしてそれを幼いころの私に強いた家族の問題に、初めて気づくことができました。

母との再会

カウンセリングの場で母について話していくうちに、自分の中に「母はいまどうしているのだろう、できることなら会ってみたい」という気持ちが生まれてきました。ちょうどそのころ、祖父が亡くなったのですが、それをきっかけにして母に会いに行こうと決意し、戸籍を取り寄せて母の住所を知りました。

同じころ、それまでつづけていたカウンセリングも、私の中に母を捜したいという気持ちが生まれたことで、ひと山越えたと判断されたらしく、一応終了となりました。母に手紙を書いて会いに行ったのは、カウンセリングが終了してしばらく経ったころでした。実際に会ってみて、本当に不思議な体験だったと感じました。

当時テレビで、肉親の再会をレポートする番組があって、そこでは涙のご対面というような場面がつきものだったのですが、私の場合はまったくそういうことはなく、あっさりとした再会になりました。私の中に母の記憶がまったくなかったせいかもしれません。ただ、自分にとって必要な作業をやり遂げた、という思いはありました。

再会してからしばらくのあいだは、母との交流はあったのですが、そのうちだんだんと、母は母性のない人だということがわかってきました。我が子を、ありのままの姿でかわいいと思えない人だったのです。その背景には、母自身の事情がありました。

父との離婚後、母は再婚し、その相手の男性には連れ子がいました。母はその男の子を私の身代わりと思って育てていたようです。その子は私と違って、普通の人と同じように就職して、ちゃんと結婚して、孫も生まれたそうなのです。だからいまの母の家族は、一見するとごく普通の幸せな家族に見えるし、母はそれに満足しているようでした。

そこへ、実の子とはいえ、うつ病でろくに仕事もしていない私が現れたことで、何かしら母の中で心に波紋を呼び起こしたようなのです。私のほうも「あなたはそれでも母親ですか」と怒りをぶつけてしまったこともあって、次第に疎遠《そえん》になってしまいました。

母からの手紙

いまから2年ほど前に、母から手紙がきました。そこには「私は母親らしいことを何一つしてあげられませんでしたから、もう私のことには構わないでください」と書いてありました。文面から母の本音は、「私はもうこちらで幸せに暮らしているから、もうあなたは私にかまうな、私のことは忘れてください、あなたはいらない」ということだろうと受け取りました。それ以来、母とは連絡を取っていません。多分これからも連絡は取らないと思います。

というわけで、最終的な結末は厳しいものとなってしまいましたが、やはり一度は母に会って、自分の眼で自分の母親ってどんな人だったのだろうと確認して、自分の中の空白を埋める作業が必要だったと思います。

いまから振り返ると、幼いころの両親の離婚や、母の存在が、私の心の中で空白になっていたこと、そのことについて家族から説明されることもなく、ただ押し込められていたこと、それについて何かおかしいという自分の感情を、率直に表現できなかったことが、成人してからのうつや対人恐怖、就職失敗に何らかの関連があったと考えています。

カウンセリングに通って自分の内面を見つめ直し、本当の感情に気づいて、話を聞いてもらったことで、自分の心の中の重荷が軽くなり、回復への歩みが始まったのだと思います。

アダルト・チルドレン（ＡＣ）と自助グループ

カウンセリングは終了したものの、相変わらずうつ病に悩む日々がつづき、精神科への通院がつづいていました。また、就労しなければという思いはあったものの、アルバイトを始めては、短期間で辞めることの繰り返しでした。

まだ自分のことを話したいし聞いてもらいたいという気持ちが強かったので、ある自助グループに参加するようになりました。それは「アダルト・チルドレン」という、家族関係で問題をかかえた人を対象とした自助グループでした。

アダルト・チルドレンとは、略してＡＣとも言われ、アメリカにおいて依存症の治療やケースワークの分野から生まれた概念です。

以前は、アルコール依存症の治療においては、アルコール依存症者の飲酒行動だけが問題と見なされていました。「なんとかしてお酒を飲むのをやめさせなければ」という点に関心が集中していたのです。そしてアルコール依存症者がお酒を飲まなくなれば、問題は解決したとみなされ、家族みんなが元の幸せな生活に戻れると考えられていました。

しかしじつは、アルコール依存症者の子どもが家族の問題に巻き込まれて、不健康な生き方を身につけてしまっており、それが修正されないと、その子が成人したあとも悪い影響を引きずるということがわかってきました。

当初はアルコール依存症者自身の問題しか見えていなかったのが、家族全体にまで視点を広げることによって、子どもの問題が見えてきたのです。

そしてこれは、アルコール依存症に限らず、多くの依存症にも当てはまることだと理解されてきました。さらには依存症に限らず、家族の中のさまざまな問題にもあてはまると認識されるようになりました。

このようにACとは、自己の生きづらさを、主に子ども時代の家族関係という視点から探っていくものです。日本では１９９０年代後半に社会的に認知されるようになりました。現在の「毒親《どくおや》・毒母《どくぼ》」という言葉のはしりともいえます。

依存症やさまざまな心の問題などの、現在自分がとらわれている生きづらさから解放される（このことを、よく「回復」という言葉で表現します）ためには、同じ体験をした人どうしで集まって、心にかかえた悩みや思いを語り合う自助グループ（セルフヘルプ・グループ、ACミーティングとも言われます）への参加がすすめられます。

自分の悩みについて語り、仲間の話を聞くことで、気づきを得て「自分で自分の問題に対処する」ことを学ぶのです。専門家になんとかしてもらうという態度ではなく、自分たちの力で問題解決をめざすので「自助（セルフヘルプ）グループ」と呼ばれるのです。

私がこのACミーティングで体験したことは、自分の悩みや苦しみを率直に話すことが中心だったので、基本的にはカウンセリングと同じでした。ただ、カウンセリングと違うところは、話を聞くのが専門家ではなく、みんな同じ立場の当事者だということです。それが当時の自分にとっては、とても居心地がよかったのです。

ここにいる人たちは、私と同じようにつらい体験をしてきた人たちなんだ、みんな仲間なんだと思うと、人が怖いという気持ちはおきませんでした。ACミーティングには女性の参加者も多かったのですが、普通に接することができました。こうした体験を積み重ねることで、私の対人恐怖はやわらいでいきました。

一歩ずつ前進を

自助グループに通い始めて、私の状態もだいぶよくなり、アルバイトも長つづきするようになりました。ですが当時の私は、パートタイムの仕事しかできませんでした。何度か1日8時間のフルタイムの仕事についたのですが、どうしてもつづかずに、2か月くらいで辞めてしまうのです。

当時は「人並みに働けるようになってこそ、回復したといえる」という思いが強くありました。それは、自分の中では、新卒で就職した会社を1か月で辞めてしまったことが強く心に残っており、どうしてもあの時点まで戻りたい、失った人生を取り戻したいと願っていたからです。

もう一つの理由は、早く家を出て自立したいという思いからです。

私は長いあいだ、自分の家族に違和感をもっていました。母の存在を消されたことだけでなく、父親不在や、それらを当然のことと見なしている祖母に、内心では反発していました。

「この家を出ないと、自分はダメになる」とひそかに思っていました。ですが、人並みに働かないことには、経済的に自立できません。そのためいつまでも家族と一緒に過ごすことになり、結局、家族の悪い影響を受けつづけてしまいます。この悪循環の中で、私はずっともがき苦しんでいました。

経済的に自立するためには、やみくもにアルバイトをやってはまた辞めることの繰り返しではダメだと痛感しました。

土台から固めてゆくように、一歩ずつ前進していくためには、一度じっくり落ち着いて自分を見つめ直すことが必要だと考えたのです。

精神科デイケア

そのころ、ＡＣミーティングの仲間から、精神科デイケアというものを紹介されて通い始めました。ひきこもりの世界では、デイケアというものをご存じない方もいるかもしれません。これは精神科のクリニックの中で、日中にみんなと一緒にプログラムをやって過ごし、その中で生活のリズムをととのえたり、対人関係の練習をしたりすることを目的としたものです。

プログラムには、軽いスポーツとか、体を動かすものや、対人関係のスキルを学ぶもの、それに工作などの軽作業もあります。私はそれまで、精神科というものは薬を処方してもらうだけだと思っていたので、こうした支援はありがたかったです。

ここでの支援の内容は、自助グループとはひと味違う感じがしました。自助グループでは、自分の話をそのまま受け止めてくれるので、カウンセリングに近い印象なのですが、デイケアは就労支援に近い印象を感じました。

それまでの私は、まだ人並みに働く気力もないのに、「働かなければ」という意志だけで空回りしていました。自分にできないことをやろうとするよりも、まずは自分にできる範囲で練習を重ねることが大切と考えて、デイケアに通いました。

つづけていくうちに、しだいにみんなと一緒にプログラムをすることにも慣れていきましたし、朝起きて昼間活動して夜休む、という基本的な生活リズムが身につきました。

こうしたことは、次に就労というステップに進むに際して、とても役に立ったと思います。

あるとき、デイケアのプログラムで、「自己の感情を素直に見つめる」というものがあり、そこで「本当は自分が何をやりたいのか」を問い直しました。その中で、本当の私は「本を読むこと、ものごとを探求すること、勉強すること」が好きなのだとわかりました。そのときは、これまでと違って、素直にそういう自分を受け入れてあげようと思うことができました。こうして初めて「自分にやさしく生きる」ことができるようになりました。「いまの自分に大切なことは、無理して再就職することではなく、自分の心に素直に生きて、生きる気力を取り戻すことだ」と考えたのです。

それまでの私は、自分の本当の気持ちや欲求にフタをして、「働かなければ」という義務感だけで行動していましたが、それがかえってうまくいかない原因となっていました。今後もこのまま自分に無理を強いていたら、たとえ再就職できたとしても、すぐにまた行き詰まってしまったことでしょう。そうならないためには、「自分の気持ちに正直に生きる」ことが大切だと感じました。この気づきを得たことは大きかったと思います。

夜間大学に進学、そして再就職

次のステップとして心に浮かんだのは、「もう一度、大学に入って勉強し直したい」ということでした。私の人生がおかしくなったのは大学に入ってからだという思いがあったので、その時点にまで戻って人生をやり直したいと思ったのです。

そして、いまの自分にとっていちばん大切なことは、自分のペースで、やりたいことをやって自信や元気をつけることだと考えました。そのころの私は、もう30代になっており、昼間の大学へ行くのはいろいろな面で負担が大きかったので、現実的な選択肢として夜間大学を選びました。

ひと回り年齢が違う学生さんたちにまじって、もう一度、大学生活をやり直しました。最初の大学のときは、講義もレポートも適当にやってさぼりがちでしたが、今度はある程度、講義に出席して話を聞き、内容を理解できたと感じられました。自分の欲求に素直になったことで、自然と勉強する姿勢になったものと思います。そうして、1年留年しながらも、なんとか卒業することができました。

卒業後は、それまでどうしてもつづかなかったフルタイムの仕事ができるようになりました。そこで初めて、人並みに働くことができたという実感がわきました。

また、仕事が安定することで、念願の一人暮らしをすることもできました。私の問題は、自分が生まれ育った家族からきていると考えていたので、家を出ることができたときは、とても達成感がありました。「これで自分も一人立ちできた」という感覚がもてました。

こんな私でも生きていける

とはいえ、じつはここから現在にいたるまで、まだいろいろと問題はつづいているのです。一人暮らしを始めたあとも、精神科への通院や服薬はつづけていましたし、仕事も何度か変わりました。家族との関係も、ケンカをしたりしてうまくいかないこともあります。その意味では、よくマスメディアで取り上げられる、「部屋から出て就職して、ひきこもりから回復をなしとげた」というような美談とも、ちょっと違うように感じます。

ただ、夜間大学を卒業して、フルタイムの仕事が安定し、家を出て一人暮らしを始めたことで、自分の中で「これまでの自分とは違う」という感覚がもてました。いまでも、このときが私にとっては大きな転機と考えています。

それは、「こんな欠点だらけの自分でも、世の中で生きていける、受け入れてもらえるんだ」という実感がもてたことでした。ありのままの自分で生きていくことへの自信、自己肯定感がもてたことが大きかったと思います。

それは「働いているから生きていてもよい」というような、条件付きの自己肯定感とは違います。欠点もあって完全でない自分という存在を、ありのまま認められるような自己肯定感です。

そうした感覚が身についてこそ、就労や経済的自立が意味をもつのであって、ただ表面だけを取りつくろっていたのでは、「いままでの自分とは違う」という感覚はもてなかったと思います。

これが私の回復に至るプロセスでした。

回復のプロセスで考えたこと……
ひきこもりとAC

私がACミーティングに参加していたころは、「ひきこもり」という言葉はあまり聞きませんでした。でも、それからしばらくたって、世の中でひきこもりの問題が取り上げられるようになると、メディアで紹介されるひきこもり当事者の話と、ACミーティングでの話がよく似ていることに気づきました。それがきっかけとなって、ひきこもり家族会や当事者の集まりに顔を出すようになりました。

ACミーティングで語られる内容は、主に「いまの自分がかかえている苦しみ」について、「自分はいかに親からひどい目にあわされたか（自分がこうなったのは親のせいだ）」についてなのですが、いまひきこもり当事者の集まりで語られることも、ACミーティングとよく似た内容のように感じます。

たとえば、ひきこもり当事者が語る「いまの自分がかかえている苦しみ」にも、かつての私と同様に、うつ、対人恐怖、出社拒否が多く見られますし、そのほかにも、さまざまなモノ・コトへの依存や、強迫行動、家族からの・あるいは家族への暴言・

暴力といったこともよく聞かれます。「こうなったのは親のせいだ」というセリフも、しばしばひきこもり当事者の口から発せられるようです。

ＡＣは依存症の分野から生まれた概念であるのに対して、ひきこもりは、主に不登校のその後という視点から注目されてきたものです。由来はそれぞれ異なるのに、当事者が語る内容がよく似ているということは、ひきこもりとＡＣには、どこか共通する要素があるように思われます。

もっとも、これはあくまでも私が見聞きした範囲で、両者が重なる部分があるのではないかということであって、すべてのひきこもり当事者はＡＣであると主張しているわけではありません。以下においても、その前提で話を進めていくことにします。

キーワードは「子ども時代」と「家族」

ＡＣもひきこもり当事者も、どちらも自身の子ども時代に強い執着をもっていることに気づきます。「私は、子ども時代のあの体験がきっかけとなって、いまの自分の問題（依存症からひきこもりまで）が始まった」というような主張です。

これは、私についても同じでした。私の場合は、子ども時代の両親の離婚と、それについて話してはいけないという家族の雰囲気が、のちの私の就職失敗と関係があると感じていました。

ここで重要なことは、その主張に確かな根拠があるか、科学的・客観的に見て妥当なものか、ということではありません。「本人がこの問題について、このように考えている」という、主観的な真実が大切なのです。そして「あなたの言っていることは、はたして本当なのか？」と尋問するような態度ではなく、「それはとてもつらい思いをしましたね」と、共感的に受け止めてもらうことに意味があります。自分の話を、相手に共感をもって聞いてもらえると、しだいに心が落ち着きます。そうした体験を積み重ねていくと、過去に起こったことを受け入れて、いまを生きることができるようになります。

私がACミーティングで体験したことがまさにそれで、「自分の過去を厳密に検証する」ことよりもむしろ、多くの仲間に話を聞いてもらうことを通じて「自分の心の中で納得し、区切りをつけて過去へ流す」作業をしていたのでした。

これはカウンセリングでも同様ですが、やはり自分と同じ体験をした人に、上下関係なしで聞いてもらうことの効果は、とても大きいと感じました。

「子ども時代」と関連して「家族」の話も出てきます。ACミーティングでも、ひきこもり当事者の会でも、「うちの家族は、ああだった、こうだった」という話が延々と語られます。必ずしも「家族が原因でこうなった」という話だけではなく、自分がつらいときに支えてくれなかった、うちの家族は冷たい、というように、自分の味方になってもらえないもどかしさのようなかたちで語られることも多いのです。

普通の人が聞くと「いまさら過去の家族の話をして、何になるの？」と疑問をもたれることでしょう。それはそのとおりなのですが、理不尽《りふじん》とわかっていても「話さずにはいられない」のです。それだけ、心の中にモヤモヤしたものが詰まっていて、吐き出さずにはおれないのです（ACミーティングでは、愚痴《ぐち》を吐くことを「吐き出し」と表現します）。

私はACミーティングの場で、学校や職場ではとても話すことができない家族の話をすることで（多分に愚痴や恨《うら》みごとが含まれていましたが）、心がラクになってとても助かりました。これはひきこもり当事者にもあてはまることと思います。

家族会で何が話されるのか

このように、ＡＣの回復には自助グループがとても役に立ちますが、同様に現在のひきこもり支援でも、当事者が参加できる「居場所」が増えてきました。当事者が主体となって運営している居場所も増えているようです。

ＡＣと関係が深い依存症の分野では、当事者のための自助グループのほかにも、当事者の家族のための家族会があり、さまざまな依存症に対応した家族会が運営されています。

ひきこもりの分野においても家族会がありますが、依存症者の家族会とは大きく違う点があります。それは、依存症者の家族会では、「私はどうすれば本人の依存症を止められるか」について話すのではない、ということです。

つまり、問題があるとみなされる依存症者について話すのではなくて、依存症者を家族にもつ自分が、「私はいまどんな悩みや苦しみをかかえて困っているか」について語るのです。

それにはこういう意味があります。

家族が本人の依存症を止めようと躍起《やっき》になっているうちは、家族の心は落ち着かず、依存症者本人もそれに反応してしまって、悪循環に陥りやすくなります。

ところが、家族会に参加すると、家族としてかかえる悩みや苦しみを、同じ立場の人に聞いてもらうことで心が落ち着いて安定します。すると依存症者への対応にゆとりが生まれ、家族の雰囲気もよくなります。そうすると、あれほどやめさせようと世話を焼いても受けつけなかった依存症者が、不思議なことに、自分がかかえる依存症の問題と向き合って、回復への道を進みはじめるのです。

こうしたことは依存症のケースでは数多く報告されています。

このように家族は、家族会に参加することで、自分がかかえる悩みや苦しみを「吐き出し」ながら、「家族が本人の問題をコントロールしようとするうちは、本人はよくならない」ことを学習するのです。

ひきこもりの分野でも、家族が本人のひきこもり問題をなんとかしようとしても一向に解決せず、かえってこじれてしまう話をよく聞きます。このあたりには、ＡＣの視点を活かせる余地があるように私には思えます。

ひどいうつには、精神医療の活用を

ひきこもりの方の中には、精神科クリニックに通院されている方もいれば、精神科なんて行きたくない、自分には関係ないと考える方も多いかもしれません。私には、精神科を縁遠いと感じる方の気持ちもわかる気がします。というのは、私が初めて精神科にかかったときに、「ただ薬だけ処方されて、これで終わりなのか」と失望を感じたことを覚えているからです。

私は薬よりも、人との交流や、私の話を、共感をもって聞いてくれることを求めていたので、「薬なんか飲んだって治らない」と思っていました。しかし、素人の早合点は禁物でした。私の場合は、うつ病という診断名がついたこともあって、やはり継続的な通院服薬が必要でした。時に、ひどいうつの発作に襲われましたが、そのとき頼りになるのは薬でした。うつの発作に陥ると、食事やトイレに行く気力までも失せてしまうのです。そんなときは1日3回薬を飲んで、「これを飲めば元気になれる」と自分に言い聞かせていました。私にとってはある意味、命綱《いのちづな》のようなものでした。

もしあのとき、素人判断で通院や服薬をやめていたら、いったいどうなっただろうと思います。

もっとも、うつ病とひきこもりとでは、事情も違うので一概《いちがい》にこうだということは言えないかもしれません。それでも、ひきこもりの方で、私と同じように、ひどいうつの症状で悩んでいる人にとっては、うまく利用すれば精神医療は心の安定に役に立つことと思います。

心理療法——自己の内面を理解するために

ひきこもりの方やその家族の中には、「ただ話をするだけで、ひきこもりが解決するわけがない」という考えの方もいらっしゃると思います。

確かに、カウンセラーに話をすることが、ただちにひきこもり問題の解決につながるわけではありません。しかし、まず自分自身の内面を理解し受け入れることで、心に落ち着きが生まれたり、新しい気づきが得られたりして、それが間接的にひきこもり問題の改善につながることは十分にあり得ることです。

また、そうした実際的な効果だけではなく、共感的な雰囲気の中で専門家にじっくり話を聞いてもらうだけでも、十分に心が癒《いや》されるものです。その意味では、ひきこもり当事者にとっても、その家族にとっても、カウンセリングやさまざまな心理療法は試してみる価値があると私は思います。

私がカウンセリングを受け始めたころとは違って、いまではさまざまな流派のカウンセラーがいるので、選ぶのに戸惑ってしまうかもしれません。私が最初にカウンセラーを選んだときは、保健所に電話して紹介してもらいました（カウンセラーさんからは「保健所を通してここにつながるとは、とても健全ですね」とほめられました）。

また、市町村の広報誌にも、たいていは保健所からのお知らせのコーナーがあり、さまざまな相談会の案内が載っています。いまならひきこもりの相談会の案内も出ているかもしれません。また、カウンセラーや精神科医の無料相談などもよく掲載されており、初めての方にとっては、そこから心理療法や精神医療につながるのは妥当なルートだと思います。

自治体の広報誌はつい見過ごすことが多いものですが、意外と役に立つ情報が載っていたりもするので、個人的にはおすすめです。まだ見たことがない方は、一度、広報誌をごらんください。

悩みは恵み

ＡＣミーティングでは、問題はただ解決すればよいというものではなく、人間的に成長するための試練であるとよく言われます。問題と向き合い、解決をめざす過程で、自分自身に関する新たな気づきを得て、人間的に成長することができるからです。

そうした意味で、ＡＣの仲間のあいだでは「悩みは恵み」とも言われます。ミーティングの中で「私は依存症になってよかった」と話されることも少なくありません。ミーティングでは、つらいことばかりではなく、悩みと向き合うなかでどんな発見があったか、それによって自分がどれほど成長したかについても語られます。こうした「お恵み」を仲間と共有することによって、「よし、自分もがんばろう」という気持ちになれるのです。

私もＡＣミーティングへの参加を通して、埋もれていた母の存在に気づき、自分の本当の欲求を発見して、それを受け入れて生きるようになりました。それらはいままでも私の中で貴重な「お恵み」として残っています。

ひきこもりの方が居場所に集うのも、心の中の思いや体験を語り合うことによって、お互いの気づきや学びをシェアしたい、それを通して自分自身が成長したい、よりよい人間になりたいという願いがあるからではないか、私はそう感じています。

世間では、ひきこもりとはよくないこと、恥ずべきこととして、ネガティブに受け取られがちです。しかし「このひきこもり体験を通して、私の心は、内なる自然は、いったい何を訴えかけているのだろうか？」という視点をもつと、きっと新しい発見が得られることと思います。

ひきこもり体験は真珠のごとく

以前ある本を読んでいたら、こんな一節が目にとまりました。

「真珠は自分の貝の内部が異物の侵入で傷つけられたとき、その異物を体内に取りこみ、長い年月をかけてあのように輝く真珠に変化させるのだという……」

（菅原千恵子『宮沢賢治の青春――〝ただ一人の友〟保阪嘉内をめぐって』
角川文庫、１９９７年）

これを読んだとき、私は自分のうつ病体験を思い浮かべました。また、ひきこもり体験というものも、これと似ているのではないか……。

私たちは家族や社会の中でさまざまな傷つき体験をしてきました。生きる気力をなくすほどに打ちひしがれた方もいることでしょう。でも、できることならば、もう一度前を向いて歩きだしたいものです。

今回こうして体験談をみなさんとシェアできるのも、私にとっては過去を振り返るよい機会となりました。

私の話を聞いてくださって、ありがとうございました。

おわりに

ひきこもり大学学長の寅《とら》さんから、「大学の活動内容を本にしたいので、ぜひ乃浬子さんも参加してほしい」とお誘いをいただいたのが、ちょうど4年前の初夏でした。「ひきこもり大学」の講師たちの生《なま》の声が本になって、全国に、そして全世界へと届けられる！　生きづらい思いをしている方たちの人生の指針になる！　そんな素晴らしい本ができたら本当にうれしい!!　と、心からワクワクしたのを覚えています。

それから、それぞれの学科の先生たちに本音で語る原稿を書きおろしていただくことになりましたが、じつはなかなか、かたちになりませんでした。

でも私たちは、必ずベストタイミングが来るはずと信じて疑いませんでした。そしていま、このウィズ・コロナの時期に、いよいよ機が熟したのです。

この数か月、外出自粛《じしゅく》要請や、国によってはロックダウンで、ステイホームを余儀なくされ、世界じゅうの人々が「ひきこもり」状態になりました。そう、私たちオリジナルひきこもりは、時代の先駆者となったのです！

世情的にはまだまだ予断を許しませんが、このパンデミックを経験した世界は、以前のそれとは確実に一変しています。その新しい時代に、いわばひきこもりのプロである私たちは、必ずや一石を投じられると信じています。どうかいま、私たちが実際に経験してきた赤裸々な体験談から、何かを感じて、学んでください！　きっとここに新しい時代を生き抜くためのヒントがあふれているはずです。

なお、本書の刊行にあたって、出版を快諾してくださった潮出版社のみなさま、4年間辛抱強く私たちを励まし応援しつづけてくださった未来工房の竹石健さん、いつも的確なプロのアドバイスをくださった岸川貴文さん、粘り強く潮出版社さんと刊行を相談してくださったブックリンケージの中野健彦さん、そしてご自身の壮絶な経験を、「誰かの人生のためになら」と快く吐露してくださった講師の方たちに深謝申し上げます。同時に、みなさまの人生にもあたたかいエールを送りたいと思います。

本書がほんの一節でも、あなたの心に響いて、あなたの人生がシフトするきっかけになれることを、心より祈って……。

２０２０年秋

ひきこもり大学　副学長・ライフスタイリスト　乃浬子

特別講義「ひきこもり大学」
当事者が伝える「心のトビラ」を開くヒント

2020年10月20日　初版発行

編　者／ひきこもり大学出版チーム
発行者／南 晋三
発行所／株式会社 潮出版社
〒102-8110
東京都千代田区一番町6　一番町 SQUARE
電　話／03-3230-0781（編集）
03-3230-0741（営業）
振替口座／00150-5-61090
印刷・製本／プリ・テック株式会社

ISBN978-4-267-02257-9 C0030

www.usio.co.jp